Wilhelm Kindermann

Pralinen
von A bis Z

WILHELM KINDERMANN †

PRALINEN
von A bis Z

99 Farbbilder · 139 Rezepte · 43 Fotos von Arbeitsgängen

Bearbeitet von Hans Sigel, Konditormeister

HUGO MATTHAES
DRUCKEREI UND VERLAG
GMBH & CO. KG
STUTTGART

ISBN 3–87 516–239–0

Fotos: Wilhelm Kindermann, Stuttgart

Alle Rechte, auch die der Mikrofilmwiedergabe und insbesondere der Übersetzung,
vorbehalten.
Nachdruck und Bildwiedergabe, auch auszugsweise,
nur mit schriftlicher Genehmigung des Verlages gestattet.

© 1981 by Hugo Matthaes Druckerei und Verlag GmbH & Co. KG Stuttgart
Printed in Germany – Imprimé en Allemagne
Herstellung einschließlich der Reproduktionen:
Hugo Matthaes Druckerei und Verlag GmbH & Co. KG Stuttgart

Die Praline – das Praliné

Diese Bezeichnung ist mit einer Geschichte verbunden, die sich im 17. Jahrhundert ereignet haben soll. In der Chronik heißt es, daß der Leibkoch des französischen Generals du Plessis Pralin seinem Herrn als kleines Dessert zum Mokka eine süße Zubereitung aus Fruchtkrem und Schokolade servierte. Der Marschall und seine Gäste waren von dieser Geschmackskomposition so begeistert, daß sie künftig nach seinem Namen benannt wurde. So kann diese Kreation, aus feinsten Zutaten bereitet, als erste Entwicklungsstufe und Geburtsstunde unserer heutigen Praline gelten. Wie sie wohl ausgesehen haben mag, bleibt der Phantasie des einzelnen überlassen. Sicher ist, daß der französische Gourmet beeindruckt wäre, wenn er heute die große Palette der handwerklich hergestellten, köstlichen Pralinen sehen und probieren könnte. Jahrhunderte liegen hinter uns, die Entwicklung ist weitergegangen, neue rationelle Fertigungsmethoden mußten erdacht, Geschmacksempfindungen des Kunden berücksichtigt werden.

Damit übernimmt das Buch jetzt seine Aufgabe. Es will versuchen, die in Jahrzehnten gewonnenen Erfahrungen seinen Lesern näherzubringen. Dabei ist elementares Wissen über Eigenschaften des Materials ebenso von Bedeutung wie die Beherrschung der verschiedensten Techniken. In Hinweisen zu den Arbeitsgebieten, z. B. Marzipan-, Nugat-, Fondant-, Frucht-, Krokant- und Likörfüllungen, werden die wesentlichen Faktoren angesprochen. 99 Farbabbildungen zeigen 139 Pralinenspezialitäten, unterstützt durch eine Anzahl Fotos, die eine Aussage über Arbeitsweisen vermitteln mit den dazugehörigen Rezepten. Auch der Pralinenspezialist wird in diesem Buch so manche interessante Anregung finden und in die Lage versetzt, neue Kreationen zu schaffen. Wir sollten also gleich mit der Herstellung schöner, erstklassiger Qualitätspralinen beginnen. Der Einsatz lohnt sich in jedem Falle, und – denken wir daran – sich und anderen eine Freude zu machen, ist auch eine feine Sache.

Wilhelm Kindermann

Inhaltsverzeichnis

11
Grundsätzliches

12
Maschinen und Geräte

14
Frischhaltung

15
Behandlung und Verarbeitung von Kuvertüre

16
Likörpralinen mit Kruste

19
Marzipanverarbeitung

20
Herstellung von Canache

21
Herstellung von Orangeat

22
Behandlung von konfierten Früchten

23
Arbeitsabläufe

43
Rezeptteil

242
Fachausdrücke

251
Register

Rezeptverzeichnis

Die Seitenzahlen weisen auf die Rezepte hin, die farbigen
Abbildungen stehen jeweils gegenüber dem Text.

1. Dessertpralinen	44
2. Mokka	46
3. Kirsch	46
4. Karamelierter Marzipan	48
5. Kandierter Fondant	50
6. Williams-Nugat	52
7. Kirschtrüffel	54
8. Nugattrüffel	54
9. Weinbrandcanache	56
10. Zitronenmarzipan	58
11. Vanille-Rahm	58
12. Prinzeß	60
13. Prinzeß-Orange	60
14. Cointreau-Marzipan	62
15. Canache-Weichkrokant	62
16. Krokant-Nugat	64
17. Schichtnugat	64
18. Canache-Marzipan	66
19. Grand-Marnier-Trüffel	68
20. Williams-Canache	68
21. Arrak-Mandelkrem	70
22. Aprikot-Likör	72
23. Mokkalikör	72
24. Milchmandelsplitter	74
25. Kirschlikör	76
26. Cointreau Spezial	76
27. Rum-Canache	78
28. Mandel-Nugat	80
29. Mandelmarzipan	80
30. Mokka-Fondant	82
31. Früchte-Marzipan	84
32. Honig-Krem	84
33. Krokant-Nugat	86
34. Kirschkrem	88
35. Butternugat	90
36. Krokant-Canache	90
37. Rum-Marzipan-Nugat	92
38. Nußkrem	94
39. Maraschinokrem	94
40. Himbeerkrem	96
41. Vanille-Canache	98
42. Curaçao	98
43. Chartreuse	100
44. Rum-Nuß	102
45. Mokka-Vanillekrem	102
46. Aprikosengelee-Canache	104
47. Ananas-Canache	106
48. Mandel-Nugat	106

49. Walnuß-Nugat	108
50. Kirsch-Canache	110
51. Marzipan-Rahm-Nugat	110
52. Weichkrokant	112
53. Honig-Krokantnugat	114
54. Pistazienmarzipan	114
55. Nuß-Honigkrem	116
56. Nuß-Marzipankaramel	118
57. Kirschlikör	118
58. Marzipan-Rahmnugat	120
59. Nußcanache	120
60. Cointreau-Nugat	122
61. Weincanache	124
62. Ingwermarzipan	126
63. Maraschinolikör	126
64. Krokantnugat	128
65. Grand Marnier	130
66. Noisette	132
67. Mokka, hell	132
68. Himbeercanache	134
69. Aprikot	134
70. Nußkrem	136
71. Kirschkrem	138
72. Curaçaokrem	138
73. Früchtekrokant	140
74. Blätterkrokant	142
75. Kirschkrokant	144
76. Weinbrandbohnen mit Kruste	144
77. Gefüllte Kirschen	146
78. Mandelrahm	146
79. Kirschnugat	148
80. Rummarzipan-Nugat	150
81. Kirschmarzipan	150
82. Ananastrüffel	152
83. Mokkacanache	154
84. Marzipan und Himbeer	154
85. Grellierte Nüsse	156
86. Honigmandeln	158
87. Rumcanache	158
88. Mandelnugatkrokant	160
89. Erdbeergelee	162
90. Aprikot-Krokant	164
91. Walnußmarzipan	164
92. Karamel-Rum	166
93. Weinbrandkirschen mit Stiel	168
94. Cointreau-Likör	170
95. Krokant-Nugat	170
96. Früchtemarzipan-Krokant	172
97. Orangeat-Marzipan	174
98. Mokka-Kirsch	174
99. Schoggimandeln	176
100. Ingwerecken	178
101. Orangeatstäbchen	178
102. Rohkostpralinen	180
103. Rumsultaninen	182
104. Früchtebissen	182
105. Gefüllte Datteln	184
106. Feigen	186
107. Nugat Montelimar	188
108. Ananasecken	190
109. Mokka-Kirsch	192
110. Trüffel-Krokant	194

111. Pistazien-Aprikose 196
112. Zitrone-Vanille 198
113. Orangetrüffel 200
114. Walnuß-Karamel 202
115. Aprikot-Trüffel 204
116. Mandel-Nußnugat 206
117. Grand Marnier 208
118. Rosenmarzipan-Canache 208
119. Kirschkrem 210
120. Weinbrandbohnen 212
121. Vanille-Erdbeer 214
122. Florentiner-Nugat 216
123. Eierlikörbohnen 218
124. Mokkabohnen 218
125. Mokka-Kirsch 220
126. Pistaziennugat 222
127. Haselnußnugat 222
128. Krokant-Nugat 224
129. Honig-Marzipan 224
130. Mokka-Mandelnugat 226
131. Rum-Sultana 228
132. Kirsch-Mandelnugat 230
133. Orange-Buttermarzipan 232
134. Noisette Chartreuse 234
135. Kirsch-Erdbeer 236
136. Armagnac-Buttercanache 238
137. Mokka-Kirsch 240
138. Maraschino-Vanille 240
139. Mirabell-Nugat 240

Kurz vor seinem Tode lieferte der Autor
Wilhelm Kindermann dem Verlag Texte und Bilder zu diesem Werk.
Da jedes Fachbuch aus dem Matthaes Verlag
vor der endgültigen Drucklegung nochmals sorgfältig überprüft wird,
wurde ich mit dieser Aufgabe betraut.
Herrn Kindermann kannte ich seit vielen Jahren als Kollegen und Autor
zahlreicher Fachbücher und Fachartikel.
So war es mir geradezu ein persönliches Anliegen,
dieses Buch in seinem Sinne zu vollenden.

Hans Sigel, Konditormeister

Grundsätzliches

○ Auf die gelungene Geschmackskomposition kommt es letztlich an, doch wir unterscheiden einige Arten von Pralinen, deren Füllung überwiegend aus Marzipan, Nugat, Canache, Krokant, Fondant, Krem, Früchten, Likör mit oder ohne Kruste besteht.

○ Bei der Herstellung dieser süßen Köstlichkeiten ist im besonderen Maße auf Hygiene und Sauberkeit zu achten, denn Haltbarkeit, Wohlgeschmack und Aussehen hängen davon entscheidend ab.

○ Die zur Verarbeitung kommenden Rohstoffe sollten von bester Qualität sein. Zur Aromatisierung sollten nur feine Destillate und nur Naturprodukte verwendet werden.

○ Eine gleichbleibende Qualität wird nur durch die exakte Einhaltung der Rezeptur und die für die Art der Praline entsprechende Arbeitsanweisung erzielt. Deshalb müssen die Hinweise bei den speziellen Arbeitsgebieten beachtet werden.

○ Um das Gären oder Platzen der Pralinenkörper zu verhindern, muß alles, was mit der Aufbereitung und Fertigstellung von Pralinen in Berührung kommt (u. a. Rollholz, Sieb, Tisch usw.), frei von Mehl oder Puder sein. Ausnahme: Likörpralinen mit Kruste.

○ Das Überziehen der Pralinenkörper sollte bei einer Temperatur von etwa 20° C erfolgen. Liegt die Raumtemperatur jedoch höher, so sind die überzogenen Pralinen kurz in einen Kühlschrank zum Anziehen der Kuvertüre zu geben.

○ Die Verarbeitung vorgefertigter Schokoladenhohlkörper, die der Fachhandel anbietet, z. B. Kugeln mit großer und kleiner Öffnung sowie verschiedene Schalen, trägt zur rationellen Herstellung von Pralinen bei.

○ Der Schmuck der Praline beginnt beim mattglänzenden Kuvertüreüberzug über einen dekorativen Schokoladendekor bis hin zum Garnieren mit Nüssen, Mandeln, Pistazien, Früchten usw.

○ Man sollte bemüht sein, ein breitgefächertes Pralinensortiment anzubieten, wobei auch Spezialitäten mit herben Füllungen, z. B. mit reduziertem Zuckeranteil, und mit vielen Mandeln und Nüssen sowie einem Überzug von bitterer Schokolade nicht fehlen dürfen.

○ Mit der Herstellung von Pralinen, die so viel Sorgfalt und handwerkliches Können erfordert, ist es allein nicht getan, denn zum Qualitätserhalt sind die sachgemäße Lagerung sowie die Verpackung zum schönen Präsent von gleicher Bedeutung.

Maschinen und Geräte

○ Ehe die Produktion von Pralinen aufgenommen wird, sollte nicht versäumt werden, Erfahrungen und Ratschläge von Kollegen oder Fachverbänden einzuholen, um mögliche Fehlinvestitionen und damit verbundenen Schaden zu verhüten.

○ Die rationelle Herstellung von Pralinen verlangt sowohl gründliche Kenntnisse über die geschmacklichen und physikalischen Eigenschaften des zu verarbeitenden Materials als auch das Wissen um Verarbeitungs- und Fertigungsmethoden.

○ Die Anschaffung von Maschinen und Geräten für die Pralinenfertigung sollte unter Beachtung der Betriebsart (Confiserie, Konditorei usw.) und der vorhandenen Räumlichkeiten erfolgen.

○ Die folgende Aufzählung der Handwerkszeuge, Geräte, Apparate und Maschinen kann nicht den Anspruch auf Vollständigkeit erheben, sie soll vielmehr versuchen, eine Übersicht zu vermitteln über Dinge, die zur Herstellung von Pralinen hilfreich sind.

○ Formen aus Metall oder Kunststoff sowie Folien, Alukapseln, Marzipanstanzen erfordern peinliche Pflege und Sorgfalt, um eine glänzende Oberfläche der Hohlkörper zu erreichen.

○ Handwerkszeug: Kessel, Kasserolle, Spatel, Messer, Überziehgabeln verschiedener Größen, Metallschienen von je 50–100 cm Länge und je 2–15 cm Stärke zum Ausrollen und Aufstreichen von Marzipan, Canache usw., ein konischer Ausstechersatz, Dekorausstecher sowie Blattgoldspender.

○ Maschinen und Apparate: Walzwerk, Mixer, Reibmaschine, Temperiergerät, Überziehmaschine, Schneideapparat für Pralinenkörper, Mandelsplitterportionierer.

○ Metallausstechwalzen verschiedener Fasson (oval, rund usw.) zur Herstellung von Krokant-, Marzipan-, Kuvertüreplättchen. Verstellbare Bonbonwalzen, die sich auch zum Schneiden von eckigen Formen eignen.

○ Für Likörpralinen sind Puderkästen, Gipsstempel, Gießtrichter und eine Auspudermaschine erforderlich. Zum Kandieren von Fondant- und Marzipankörpern, Früchten u. ä. werden Kandierkästen mit Einsatzgittern benötigt.

○ Lagerung: Hier bieten sich Plexiglasboxen an, die bis zu 4 Stapeleinsätze aufnehmen. Empfehlenswert sind klimatisierte Pralinenvitrinen, die eine gleichbleibende Temperatur sichern und so die Lagerzeit verlängern und den Qualitätsabbau verzögern.

Bild 1
Verkaufsfördernder Pralinenberg. Verschieden große, stanniolierte Pappscheiben, wobei außer auf der oberen Scheibe nur eine Reihe Pralinen gelegt wird.

Bild 2
Plexiglasboxen mit bis zu 4 Stapeleinsätzen.

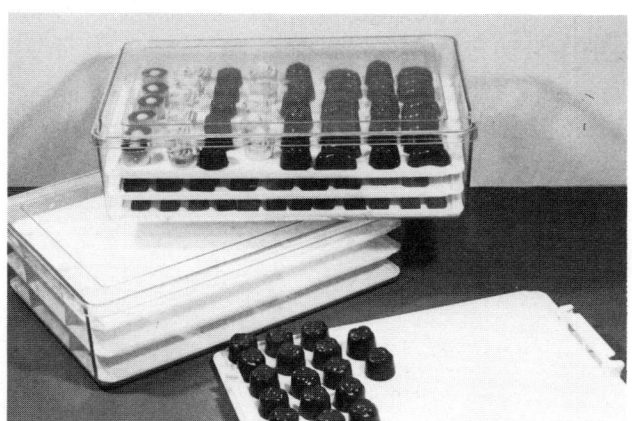

Frischhaltung

○ Die Frischhaltung einer Ware ist für den Hersteller wie auch für den Verbraucher gleichermaßen von ausschlaggebender Bedeutung. Das gilt im besonderen Maß auch für Pralinen, deren Güte weitgehend von ihrer weichen, geschmeidigen Beschaffenheit bestimmt wird.

○ Um Geschmack und Aussehen der fertigen Praline über einen längeren Zeitraum gleichbleibend zu erhalten, sollten den Pralinenmassen bei der Herstellung feuchtigkeitsbildende bzw. feuchtigkeitserhaltende Mittel zugesetzt werden.

○ Bei der Rezeptzusammenstellung für Pralinenmassen ist es von Bedeutung, die Süßkraft der einzelnen Zuckerarten zu kennen. Wenn vom reinen 100prozentigen Verbrauchszucker ausgegangen wird, so hat Fruchtzucker 120 %, Malzzucker 65 %, Traubenzucker 50 % und Milchzucker 35 % Süßkraft.

○ Stärkesirup, Glykose, ist von neutralem Geschmack, wasserklarer Farbe und geringer Süßkraft, etwa 40–50 % des reinen Verbrauchszuckers (Saccharose). Er besitzt die Eigenschaft, der Kristallisation von Saccharose und Lactose entgegenzuwirken, intensiviert die natürlichen Geschmacksstoffe und erhöht das Volumen.

○ Invertase ist ein Ferment, das in vielen Pflanzen und in der Hefe vorkommt. Es wandelt Rüben- und Rohrzucker (Saccharose) in Invertzucker um. Invertase ist hitzeempfindlich, sie darf nicht über 65° C erhitzt werden; daher stets erst nach Abkühlung der Masse gleichmäßig verteilt unterarbeiten.

○ Invertzuckerlösung ist ein süßschmeckender, wasserklarer Sirup von neutralem Geschmack und liegt bei etwa 31–32° Bé. Er eignet sich zum Verdünnen von allen gieß-, spritz- oder streichfähigen Massen wie Fondant, Marzipan, Nugat, Canache und trüffelähnlichen Massen.

○ Zur Information: Unter ,,invertieren`` verstehen wir umkehren – ein Umwandeln des normalen Verbrauchszuckers (Saccharose) durch Beigabe eines Enzympräparates in den sogenannten Invertzucker (Gemisch aus gleichen Teilen Frucht- und Traubenzucker).

○ Vollsoja ist ein hochwertiges Naturprodukt von blasser, gelblicher Farbe, pulveriger Beschaffenheit, hohem Eiweiß- und Lezithingehalt. Es enthält Vitamine und Mineralstoffe. Es hat weiter die guten Eigenschaften, Feuchtigkeit zu binden, in der Masse emulgierend zu wirken und die Fettoxydation (Ranzigwerden) zu verzögern.

○ Reine Säuren, wie Zitrone, Wein, Weinsteinsäure, vermögen schon in Verbindung mit reinem Verbrauchszucker (Saccharose) invertierend zu wirken, vor allem dann, wenn die Masse einem längeren Kochprozeß unterzogen wird. Die Säurebeigabe unterstützt sowohl die Frischhaltung wie auch den Fruchtgeschmack.

○ Sorbit (Sirup) hat etwa die gleiche Süßkraft wie Traubenzucker (Glykose), hat wasserbindende Eigenschaften, stabilisiert den Feuchtigkeitsgehalt in der Süßware, fördert so die Haltbarkeit und hemmt das Ranzigwerden von fetthaltigen Pralinenmassen. Die Lösung ist klar, farb- und geruchlos sowie koch- und backfest.

Behandlung und Verarbeitung von Kuvertüre

○ *Kuvertüren* sind Schokoladenüberzugsmassen, sie gehören zu den Edelrohstoffen und verlangen gute Kenntnisse des Materials und seiner Eigenschaften, um ein optimales Ergebnis zu erzielen.

○ *Qualität* wird von mehreren Faktoren bestimmt und umfaßt, wie etwa die Sorte und Auswahl von Kakaobohnen, ihre Weiterverarbeitung zur Masse mit feinem Schmelz, gutem Fließverhalten und dem Gehalt an Kakao in der Kuvertüre.

○ *Temperieren* Beschaffenheit und Zusammensetzung der Kuvertüre beeinflussen weitgehend den Erwärmungsgrad, er liegt im allgemeinen bei dunklen Überzugsmassen zwischen 31 und 33° C, bei Milchkuvertüren und weißen Dekormassen bei 28–30° C.

○ *Überzug ohne Glanz* Die Ursache kann in schaumiggerührter oder nicht genügend austemperierter Kuvertüre liegen, oder die zu überziehenden Pralinenkörper sind zu kalt.

○ *Gießen von Hohlkörpern* Man muß dazu temperierte Kuvertüre ohne Kakaobutterzusatz verwenden. Die Formen müssen in warmem Wasser mit einem fettlöslichen Zusatz gesäubert und mit Watte auspoliert werden. Je glatter die Oberfläche der Metall- oder Plexiglasformen ist, um so leichter löst sich der Körper aus der Form und um so schöner ist der Glanz.

○ *Garnieren* Fließdekor wird sofort nach Überzug der Körper mit einer Spezialgabel oder mit Kuvertüre durchgeführt. Wenn das Schmücken der Pralinen, nachdem die

Kuvertüre angezogen hat, erfolgt, kann mit unverdünnter oder leicht gestockter Kuvertüre, der wenige Tropfen Alkohol eingerührt wurden, verziert werden.

○ *Streifigwerden* Kakaobutter wird in grauen Streifen in der erstarrten Kuvertüre sichtbar. Grund: Die Überzugsmasse ist nicht gut durchgerührt worden, oder Kakaobutter wurde extra zugesetzt und nicht genügend vermischt. Auch nicht ausreichend austemperierte Kuvertüre neigt zur Streifenbildung.

○ *Fettreif* ist eine Folge von Temperaturschwankungen, er bildet sich unter Wärmeeinwirkung. Die Kakaobutter tritt an die Oberfläche der Praline, nach Abkühlung entsteht ein grauer bis bläulicher Fettfilm. Auch bei Nugat und fettreichen Nuß- oder Mandelfüllungen kann diese Reifbildung auftreten.

○ *Zuckerreif* kann durch große Temperaturschwankungen wie Kühlvitrinentemperatur oder längere, feuchte Lagerung hervorgerufen werden. Dabei schwitzt die feuchte Oberfläche Zucker aus, der dann kristallisiert und zum rauhen, glanzlosen Überzug wird.

○ *Lagerung* Pralinen sollten kühl und trocken gelagert und vor Fremdgerüchen geschützt bei etwa 18–20° C aufbewahrt werden. Dafür bieten sich Stapelboxen aus Plexiglas an. Noch einmal angemerkt: Temperaturschwankungen mindern Aussehen und Wohlgeschmack.

Likörpralinen mit Kruste

○ Diese Pralinenart erfreut sich in jüngster Zeit wieder wachsender Beliebtheit. Leider wird dieser Entwicklung im Handwerk nur zögernd gefolgt. Grund dafür können die fehlende Praxis oder vielleicht auch die Kosten für Neuanschaffungen der erforderlichen Geräte sein.

○ Die Herstellung einer solchen Spezialität ist einfach, wenn Rezeptur und Arbeitsanweisung exakt eingehalten werden und die dafür erforderlichen Geräte und Maschinen vorhanden sind.

○ Es sollten vorhanden sein: etwa 10 Puderkästen, Größe etwa 55 × 35 cm, Höhe etwa 3 cm, ein Gießtrichter, verschiedene Gipsstempelleisten, ein Zuckerthermometer, Kessel, Kasserolle und, wenn möglich, eine Auspudermaschine.

○ Weizen- oder Maispuder für die Puderkästen muß ganz trocken sein. Zu Beginn also einige Tage auf Bleche ausgebreitet auf den Ofen oder in den Wärmeschrank stellen. Feuchter Puder saugt die Likörlösung auf.

Bild 3
Mit dem Gießtrichter wird die Likörlösung in die Puderform gefüllt.

Bild 4
Ist die Form vollständig gefüllt, wird sie mit Puder übersiebt.

○ Die mit Puder gefüllten Kästen sollten in Ofennähe bei etwa 30°C gelagert werden. Bei jedem neuen Vergießen von Likörlösungen muß der Puder gesiebt und aufgelockert werden.

○ Der Puder in den Puderkästen wird mit einer Leiste glattgestrichen, ein Hauch Talkum darübergegeben und die Gipsstempelleiste vorsichtig eingedrückt.

○ Die Zuckerkristallbildung wird vom Kochgrad und der Spirituosenbeigabe bestimmt. Die zum Vergießen anstehende Likörlösung sollte nicht unter 30° Bé, aber nicht mehr als 36° Bé betragen. Wichtig! Keine handelsüblichen Liköre verwenden, sie enthalten Glykose, was einer Kristallbildung entgegenwirkt.

○ Beispiel Weinbrandbohnen: 500 g Zucker mit 200 g Wasser auf 118°C kochen. Die Zuckerlösung mit feuchtem Tuch zugedeckt bis etwa 90°C abkühlen lassen, dann 180 g Weinbrand etwa auf 45°C erwärmt auf dreimal intensiv unter die Zuckerlösung schwenken, dabei wegen der Kristallisationsgefahr wenig rühren. Sofort die Likörlösung mit dem Gießtrichter in die Puderform füllen. Zum Schluß die Oberfläche mit Puder übersieben.

○ Um eine gleichmäßige Krustenbildung zu erreichen, sollten die Likörkörper nach etwa acht Stunden mit der Gabel im Puder gewendet werden, so daß die Bodenseite nach unten zu liegen kommt. Nach weiteren sechs Stunden kann das Auspudern erfolgen.

○ Die Likörkörper werden nun mit Kuvertüre überzogen. Wird eine dünne Krustenbildung angestrebt, ist dem Handüberzug gegenüber dem Maschinenüberzug der Vorrang zu geben, denn dann ist es wesentlich einfacher, die eventuell ausgelaufene Likörflüssigkeit aus der Überzugsmasse zu entfernen.

Marzipanverarbeitung

○ Ausgangsprodukt ist Marzipanrohmasse, ein Halberzeugnis, sie muß nach Vorschrift aus zwei Dritteln süßen Mandeln und einem Drittel Zucker bestehen. Der Ölgehalt muß mindestens 28 % betragen, der Feuchtigkeitsgehalt darf 17 %, der Zuckeranteil 35 % nicht übersteigen.

○ Marzipanrohmasse darf höchstens mit der gleichen Gewichtsmenge Staubzucker angereichert werden, einschließlich der Beigabe von 3,5 % Stärkesirup.

○ Die Qualität des Marzipans wird weitgehend von der Menge der Staubzuckerbeigabe bestimmt. Hier sollte man auf 1000 g Marzipanrohmasse 300, höchstens 400 g Staubzucker verwenden.

○ Werden dem Marzipan konfierte Früchte wie Ananas, Kirschen, Orangeat usw. sowie Krokant oder auch Liköre beigemengt, ist der Staubzuckeranteil zu reduzieren.

○ Bei der Aromatisierung von Marzipan sollten hochprozentige Alkoholika, Destillate sowie Fruchtpulver Verwendung finden. Auch Fruchtsäure (Weinstein- und Zitronensäure) trägt zur Geschmacksverbesserung bei.

○ Haselnüsse, Mandeln, gehobelt oder gehackt, sollten zur Intensivierung des Eigengeschmacks nur in geröstetem, gemahlenem, auch karameliertem Zustand der Marzipanmasse beigesetzt werden. Walnüsse und Pistazien dagegen können ohne Röstung untergearbeitet werden.

○ Die Verarbeitung von Marzipankrem macht es erforderlich, die Masse auf dünne Schokoladen- und Krokantbödchen zu dressieren. Der Kuvertüreüberzug sollte erst dann erfolgen, wenn die Oberfläche etwas angetrocknet ist, um das Austreiben der Masse zu vermeiden.

○ Marzipanhohlkörper, deren Oberfläche mit der Stanze profiliert ist, sollten etwa 4 Stunden abstehen, ehe sie abgeflämmt und anschließend abgeglänzt werden. Glanzglasur: 250 g Glykosesirup, 180 g Wasser aufkochen, 4 Blatt eingeweichte Gelatine beigeben und erwärmt verarbeiten.

○ Für das exakte Ausrollen von Marzipan sind Holz- oder Metallschienen unterschiedlicher Höhe unerläßlich. Ein dünner Kuvertürebestrich der Bodenseite des ausgerollten Marzipans vor dem Ausstechen oder Schneiden der Körper erleichtert das Überziehen mit Kuvertüre.

○ Wie schon angesprochen, sollte die Marzipanoberfläche etwas antrocknen, damit das Reißen des Kuvertüreüberzugs vermieden wird. Die Raumtemperatur und die Temperatur der zu überziehenden Körper sollten gleich, also bei etwa 20–22° C, liegen, denn das ist entscheidend für den Arbeitsablauf und für das Aussehen der Pralinen.

Herstellung von Canache

○ Unter Canache, auch als Trüffelmasse oder Pariser Krem bekannt, versteht man Kuvertürekrems, die sich aus Rahm, Kuvertüre und verschiedenen Aromaträgern zusammensetzen.

○ Die Grundstoffe Rahm und Kuvertüre liegen etwa im Verhältnis 1:2 Gewichtsanteilen wie etwa 500 g Rahm und 1000 g Kuvertüre.

○ Herstellung der Masse: Der Rahm wird gekocht, dann die feingeschnittene Kuvertüre untergerührt. Erst zuletzt erfolgt die Beigabe von Geschmacksstoffen wie Rum, Kirschwasser usw.

○ Die Frischhaltung der Masse wird durch Zusätze von Glykosesirup, Fondant, Zitronen- oder Weinsteinsäure unterstützt. Um die Wirksamkeit der Enzympräparate nicht zu mindern, sollten sie der abgerührten Masse erst bei einer Temperatur unter 60°C beigefügt werden.

○ Beigaben an Butter, Nugat u. ä. sollten erst nach Abkühlung des Kuvertürekrems erfolgen, um beim anschließenden Schaumigrühren der Masse die Volumenbildung zu unterstützen.

○ Die Beschaffenheit der Masse, wie fest, weich oder geschmeidig, kann durch Art und Menge der Kuvertüre den Zusatz von Butter, Nugat, Destillaten und durch die Arbeitsweise reguliert werden.

○ In Schienen gegossene Massen sind dichter im Gefüge, bleiben demzufolge länger frisch, die Haltbarkeit wird dadurch günstig beeinflußt.

○ Schaumiggerührte Massen zeigen größeres Volumen und lassen sich vielseitiger bearbeiten. Die Haltbarkeit wird jedoch durch dieses Verfahren herabgesetzt, da der untergeschlagene Sauerstoff das Oxydieren des Butterfettes fördert.

○ Wird die aufgestrichene Masse zu Körpern geschnitten oder ausgestochen, ist es sinnvoll, die Bodenseite dünn mit Kuvertüre zu bestreichen. Das spätere Überziehen mit Kuvertüre wird dadurch wesentlich erleichtert.

○ Der mit Kuvertüre zu überziehende Körper sollte etwa 2–3 Stunden abgestanden sein, die Oberfläche eine Haut aufweisen und temperiert sein. Der Überzug erfolgt bei Raumtemperatur von etwa 20–22°C.

Herstellung von Orangeat

O Wir wählen ungespritzte Orangen bester Qualität, bei denen sich die Schale der geviertelten Früchte leicht vom Fruchtfleisch lösen läßt.

O Die Orangenschalen werden in ein säurefestes Behältnis eingelegt und mit einer Salzlösung im Verhältnis 10 Liter Wasser zu 50 g Kochsalz übergossen.

O Das Sammeln von Schalen kann sich je nach Aufkommen über Wochen hinweg erstrecken, wobei sich der Kühlschrank als Aufbewahrungsort eignet.

O Die Salzlösung trägt einerseits zur Haltbarkeit bei und bewirkt weiterhin, daß die Fruchtzellen der Schale aufgeschlossen werden.

O Sind genügend Schalen gesammelt worden, beginnt die Behandlung, indem die weiße Innenseite, in welcher der Bitterstoff enthalten ist, mit einem Löffel oder Messer entfernt wird.

O Die Schalen werden unter fließendem Wasser gründlich gewässert und anschließend blanchiert.

O Die weichgekochten Schalen werden zum Abtropfen auf ein Sieb gegeben, mit einer Zuckerlösung von 20° Bé übergossen und 2 Tage im Kühlschrank belassen.

O Reifegrad und Art der Früchte sind für die Behandlung zu Dickzuckerfrüchten von Bedeutung. Der erste Zuckersud sollte bei 16–20° Bé liegen.

O Die Schalen werden auf ein Sieb zum Abtropfen gegeben, die Zuckerlösung unter Beigabe von Zucker auf 26° Bé gebracht und über die Schalen gegossen.

O Abschließend wird der Zuckersud auf 30° Bé angereichert, die Schalen beigegeben und das Ganze auf 36° Bé eingekocht. Dann 15 % Glykosesirup beifügen, in Behältnisse abfüllen. Nach dem Abkühlen die Oberfläche mit Weinsteinsäure benetzen und mit Zellophan abdecken.

Behandlung von konfierten Früchten

O Der Handel liefert uns Früchte wie Ananas, Kirschen, Ingwer u. ä. in bester Qualität. Sie werden als konfierte oder Dickzuckerfrüchte angeboten.

O Diese Früchte haben durch intensive Behandlung mit Zucker weitgehend ihren Eigengeschmack verloren. Zur Aufbesserung des Geschmacks muß mit den entsprechenden Spirituosen nachgeholfen werden.

O Zu diesem Zweck ist es ratsam, die Früchte je nach Verwendung zu halbieren oder zu hacken, um die Durchdringung mit Alkohol zu beschleunigen.

O Durch diese Behandlung werden die Früchte nicht nur aromatischer, sie bekommen auch eine zartere Beschaffenheit. Bei Sultaninen oder Korinthen wirkt sich das kurze Einlegen z. B. in Rum sehr positiv aus.

O Werden Dickzuckerfrüchte wie Kirschen, Birnen o. ä. selbst hergestellt, ist auf beste Qualität, Reifegrad (Frucht muß sich vom Kern lösen) und eine möglichst mittelgroße Sorte zu achten.

O Das Blanchieren der Früchte ist mit Sorgfalt vorzunehmen. Der erste Zuckersud, den man auf die abgetropften Früchte gießt, sollte nicht mehr als 16–18° Bé betragen.

O Durch etwa dreimaliges Anreichern des Zuckersuds auf 24, 28 und 32° Bé mit Raffinadezucker wird die Sättigung der Fruchtzellen erreicht und das Schrumpfen der Früchte vermieden. Saft und Früchte werden gemeinsam unter Beigabe von 20 % Glykose bis 36° Bé gekocht.

O Eine spezielle Arbeitsweise zur Herstellung konfierter Ananas aus Dosenananas. Die Scheiben werden zum Abtropfen auf ein Sieb gegeben. Der Saft findet als Tränke oder Fruchttrunk Verwendung.

O Die Ananasscheiben werden dicht aneinander in ein flaches Gefäß gelegt, mit Staubzucker etwa 0,7 cm dick bedeckt. Diesen Vorgang wiederholt man etwa viermal übereinander und beläßt alles ca. 3 Tage im Kühlschrank, bis dahin hat sich der Zucker gelöst.

O Den Saft nach der Zuckerwaage messen, erneute Beigabe von Staubzucker, gleiche Ruhezeit im Kühlschrank, dann erfolgt die Erhitzung von Frucht und Saft im Wasserbad, wobei der Saft auf etwa 33° Bé gestellt wird. Dann die Ananasscheiben und 15 % Glykose dazugeben und alles gut durchkochen und dabei abschäumen.

Arbeitsabläufe

Auf den folgenden Seiten werden in Detailbildern verschiedene Phasen der handwerklichen Herstellung von Pralinen gezeigt. Die kurzen Erklärungen verdeutlichen die einzelnen Arbeitsgänge. Die Rezeptnummern beziehen sich auf die im Rezeptteil beschriebenen und farbig abgebildeten Pralinen.

Karamelierter Marzipan, Rezept Nr. 4
Bild 5

Um die Kristallisierung des Karamels hinauszuzögern, ist größte Sorgfalt beim Kochen der Zuckerlösung erforderlich, dazu gehört das Zusammenwaschen und Abschäumen.

Bild 6

Die Körper werden mit Hilfe eines Zahnstochers in den Karamel getaucht, mit der Gabel abgenommen und auf ein geöltes Gitter abgesetzt.

Kandierter Fondant, Rezept Nr. 5
Bild 7

Aromatisierte Fondantmasse wird mittels Gießtrichter in die in Puder gedrückte Form gegeben.

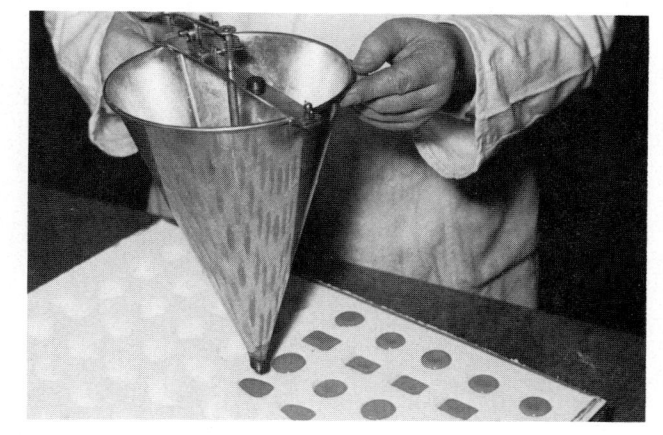

Bild 8

Die in den Kandierkasten eingelegten Körper werden mit einem Gitter abgedeckt und mit der Zuckerlösung übergossen.

Canache-Marzipan, Rezept Nr. 18
Bild 9

Exakt und rasch werden die Körper mit dem Schneidegerät in die gewünschte Form gebracht.

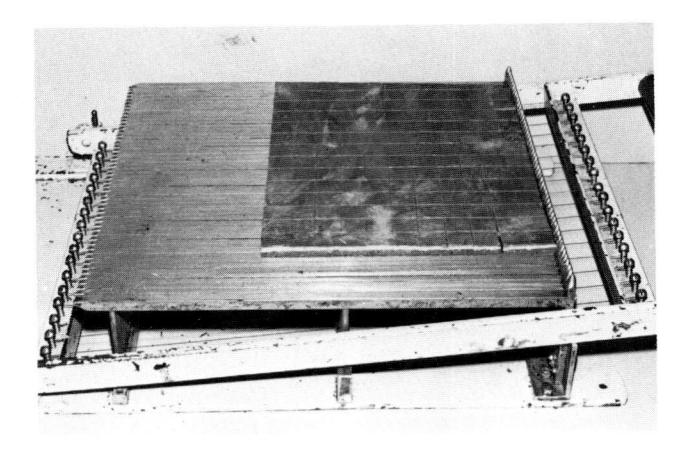

Curaçao, Rezept Nr. 42
Bild 10

Die Bodenseite wird dünn mit Canache bestrichen.

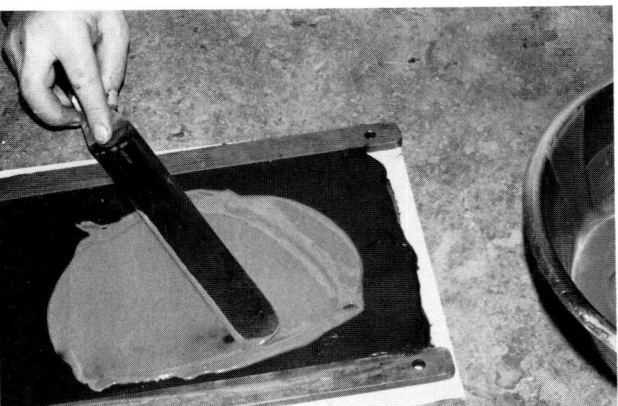

Chartreuse, Rezept Nr. 43
Bild 11

Mit der Bonbonwalze werden die dressierten Stangen geschnitten.

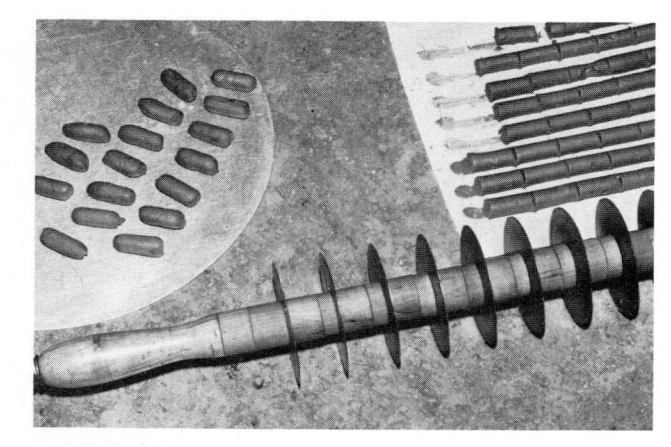

Walnußnugat, Rezept Nr. 49
Bild 12

Die Walnuß-Kuvertürehalbschalen werden mit Nugat gefüllt und mit halben Walnüssen belegt.

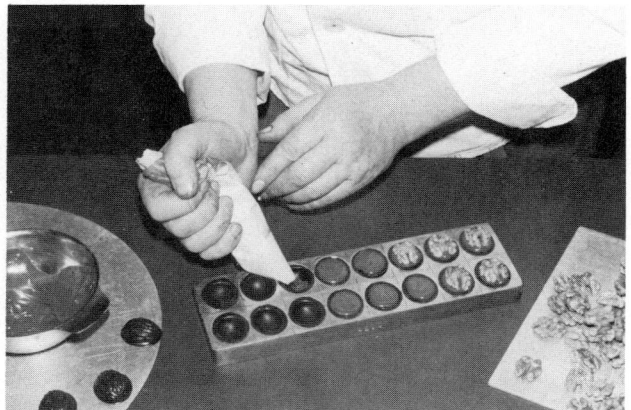

Kirschcanache, Rezept Nr. 50
Bild 13

Über die kleine Kirsche auf dem Kuvertüreplättchen wird Canache dressiert.

Krokantnugat, Rezept Nr. 64
Bild 14

Das völlige Schmelzen des Zuckers zu Krokant sollte im Kupferkessel unter ständigem Rühren bei intensiver Hitzeeinwirkung erfolgen, ehe Mandeln, Nüsse u. a. beigegeben werden.

Blätterkrokant, Rezept Nr. 74
Bild 15

Nach ausreichender Vermengung von geschmolzenem Zucker und Nugat wird dieser ausgerollt und mit der Bonbonwalze geschnitten.

Bild 16

Die Körper werden nun mit Kuvertüre überzogen.

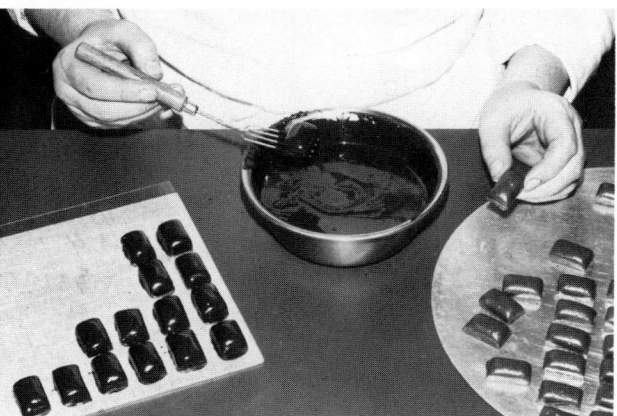

Gefüllte Kirschen, Rezept Nr. 77
Bild 17

Die Kirschen werden mit Marzipan gefüllt.

Bild 18

Die mit Fondant überzogenen Körper werden auf der Bodenseite vorgetunkt und dann ganz überzogen.

Grellierte Nüsse, Rezept Nr. 85
Bild 19

Die Nüsse werden in die Zuckerlösung gegeben und unter ständigem Rühren zum Kristallisieren und Anschmelzen der Oberfläche gebracht.

Bild 20

Auf die mit Nugat bespritzten Kuvertüreplättchen werden die grellierten Nüsse gegeben.

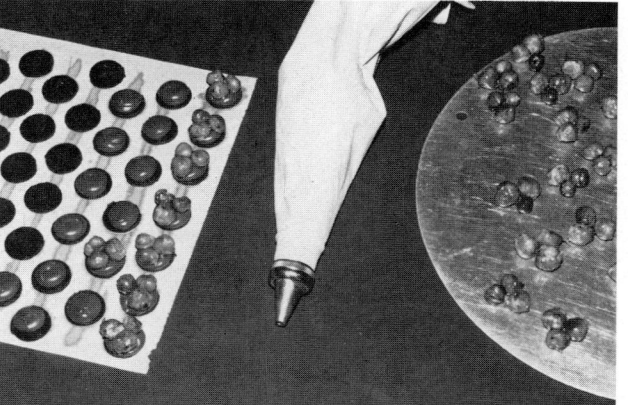

Erdbeergelee, Rezept Nr. 89
Bild 21

Die abgekühlte Geleemasse wird in ein Karree gegossen.

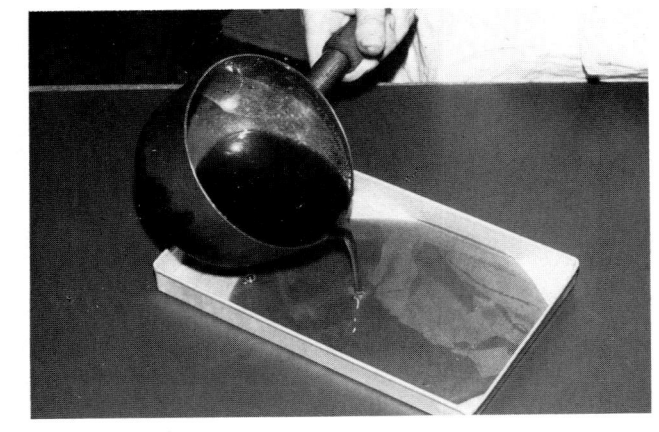

Bild 22

Das erkaltete Gelee wird mit einer Marzipanplatte gedeckt und ausgestochen oder geschnitten.

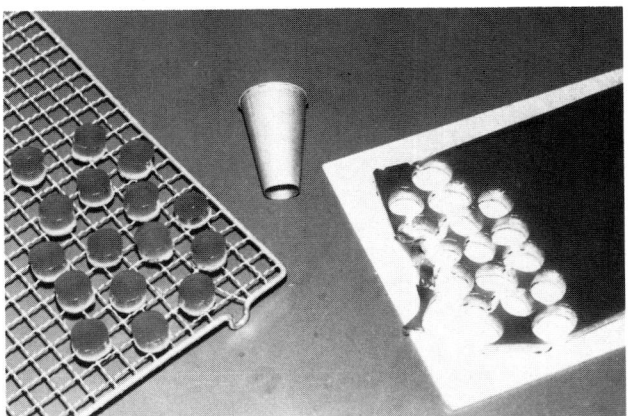

Weinbrandkirschen mit Stiel, Rezept Nr. 93
Bild 23

Nachdem die Oberfläche der Kirschen abgetrocknet ist, werden sie in heißen Fondant getaucht.

Bild 24

Die Bodenseite der mit Fondant überzogenen Kirsche wird in Kuvertüre vorgetaucht, ehe sie ganz überzogen wird.

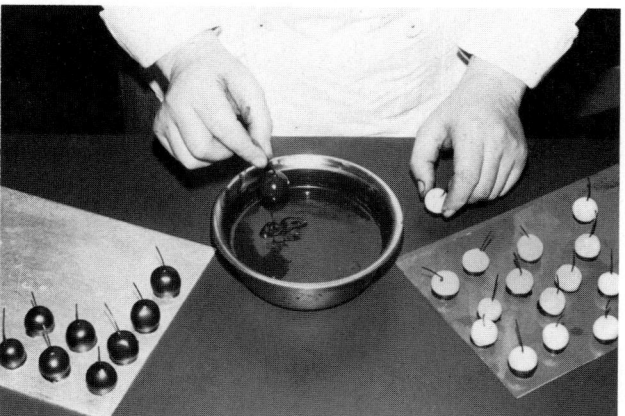

Nugat Montelimar, Rezept Nr. 107
Bild 25

Die erwärmten Früchte werden unter die Eiweiß-Honig-Masse gespatelt.

Bild 26

Die mit Oblate abgedeckte und erkaltete Masse wird in die gewünschte Fasson geschnitten.

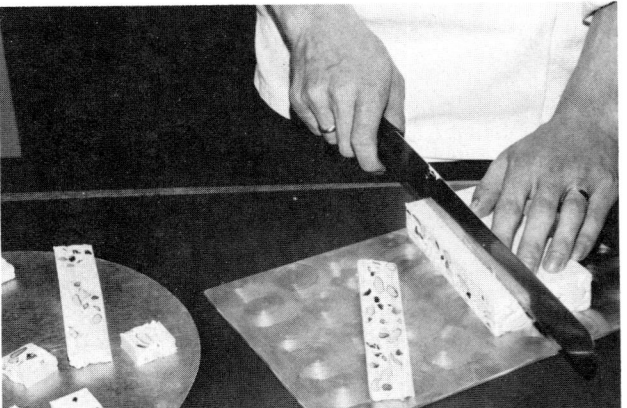

Mokkacanache, Rezept Nr. 83
Bild 27

Die Canachemasse wird mit einem leicht erwärmten oder in Alkohol getauchten Ausstecher fassoniert.

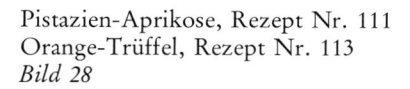

Pistazien-Aprikose, Rezept Nr. 111
Orange-Trüffel, Rezept Nr. 113
Bild 28

Die Stanniolkapseln lassen sich mit Hilfe eines selbstgefertigten Gipsstempels gut verformen.

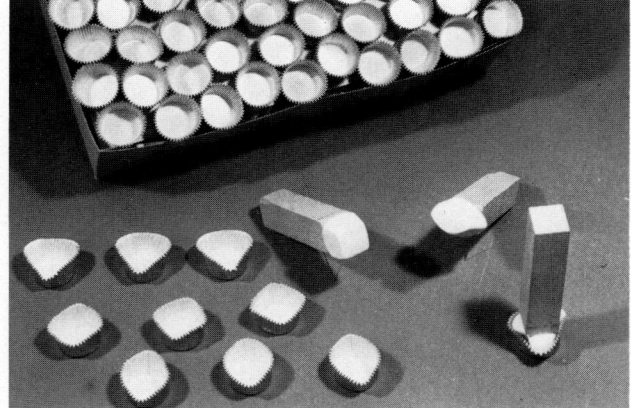

Trüffel-Krokant, Rezept Nr. 110
Zitrone-Vanille, Rezept Nr. 112
Bild 29

Die Kapseln in ein Karree geben, mit Kuvertüre füllen, mit einem leicht angewärmten Gitter bedecken und stürzen.

Bild 30

Die Kuvertüre fließt aus den Kapseln aus. Die Kapseln werden auf dem Gitter abgestreift und auf ein Blech gesetzt.

Weinbrandbohnen, Rezept Nr. 120
Bild 31

Die Weinbrandlösung wird mittels Gießtrichter in die Schokoladenhohlkörper gefüllt und dann die Abdeckplatte unten rechts aufgelegt.

Bild 32

Die Schaufel hat eine schmale Öffnung, aus der die dünnflüssige Kuvertüre fließt und die gefüllten Schokoladenkörper abdeckt. Anschließend wird die Abdeckplatte abgehoben.

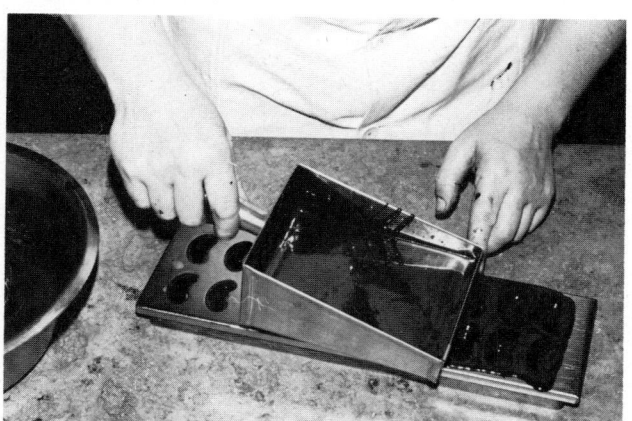

Eierlikörbohnen, Rezept Nr. 123
Bild 33

Mittels Gießtrichter werden die Bohnen mit Eierlikör gefüllt, die Abdeckplatte rechts unten aufgelegt.

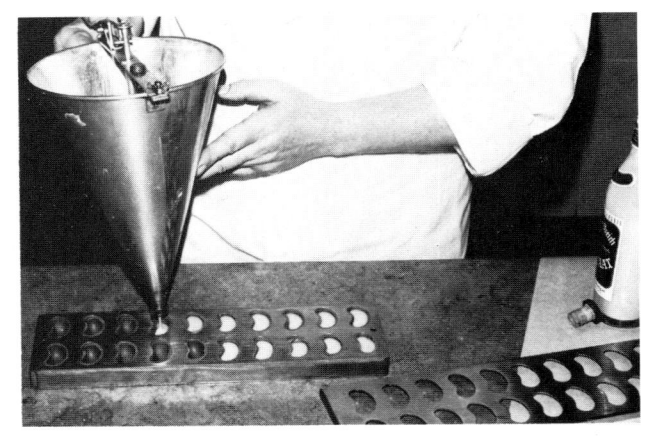

Bild 34

Aus der schmalen Öffnung der Schaufel fließt die Kuvertüre und deckt die Füllung ab. Im Anschluß wird die Abdeckplatte abgehoben.

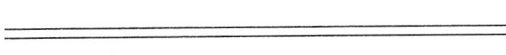

Kuvertüretechniken

Bild 35
Bei Likörpralinen mit besonders dünner Kruste ist beim Überziehen der Körper mit Kuvertüre dem Handüberzug gegenüber dem Maschinenüberzug immer der Vorzug zu geben.

Bild 36
Die gesäuberten, mit Watte polierten Formen werden mit Kuvertüre gefüllt und kräftig gerüttelt, so daß die Luftbläschen entweichen können.

Bild 37
Ist die Kuvertürebewandung je nach Größe der Form dick genug, wird die restliche Überzugsmasse aus der Form geleert und die Form bis zum Anstocken auf Schienen gesetzt.

Bild 38
Die noch nicht fest angezogene Kuvertüre wird mit einem Messer am Formenrand glatt abgestreift.

Bild 39
Kuvertüre-Flächendekor von Punkten, Strichen u. a. wird zuerst in die Form eingelegt, erst dann erfolgt das Ausgießen mit der Überzugsmasse.

Bild 40
Bei Pralinenmassen von zarter Beschaffenheit sollte vor dem Profilieren der Oberfläche mit dem Hornschaber ein dünner Kuvertüregrundstrich aufgetragen werden.

Bild 41
Wie das Verbiegen größerer Kuvertüreteile zu vermeiden ist:
1. Die Arbeit auf einer Holzunterlage vornehmen, also keine Marmorplatte (zu schnelle Abkühlung) verwenden.
2. Immer einen Kuvertüregrundstrich auftragen, wenn mit dem Hornschaber profiliert wird.
3. Das Fassonieren mit einem erwärmten Ausstecher kurz vor dem Erstarren der Kuvertüre ausführen.

Bild 42
Zum Anfertigen von Henkeln für Körbchen, Aufsätze u. a. wird die temperierte Kuvertüre mit einigen Tropfen Alkohol leicht gestockt. Schablonen sind für ein exaktes Arbeiten unerläßlich.

Bild 43
Die aufgestrichene Kuvertüre sollte angezogen haben, nicht aber erstarrt sein, wenn mit erwärmten Ausstechern oder Walzen fassoniert wird.

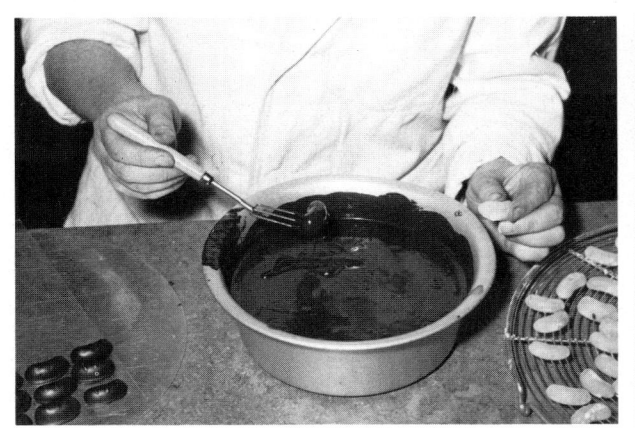

Bild 35

Bild 36

Bild 37

Bild 38

Bild 39

Bild 40

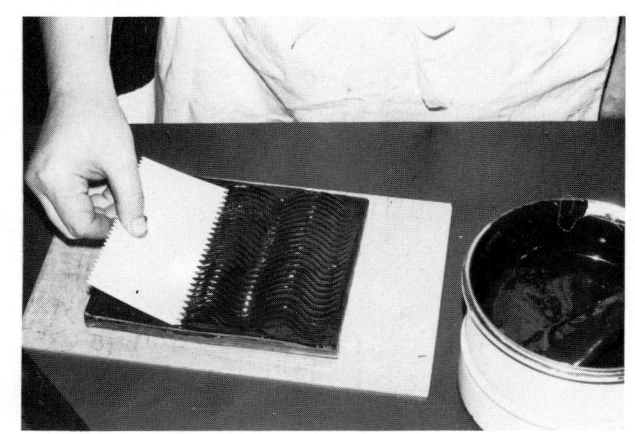

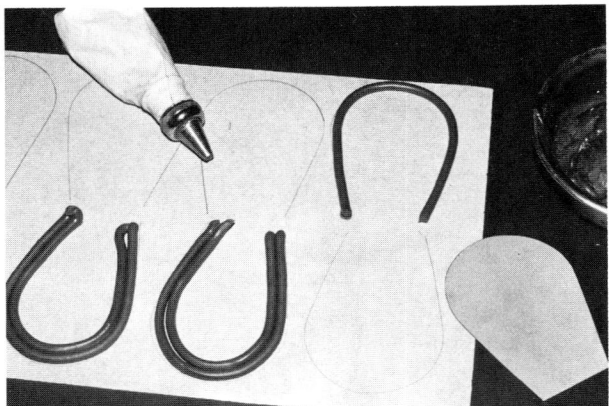

Bild 41

Bild 42

Bild 43

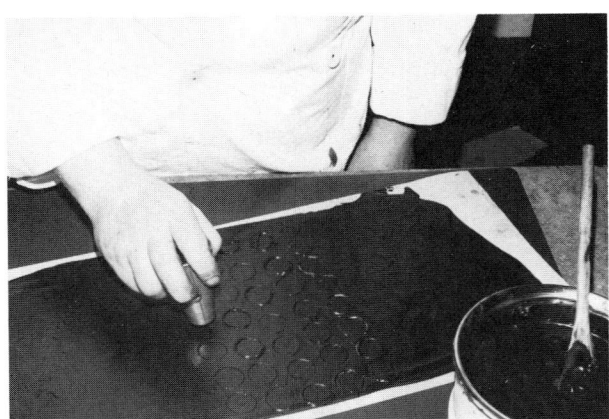

Rezeptteil

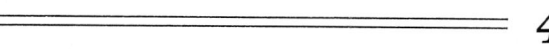

1. Dessertpralinen

Eine ovale, konische Form mit 70/30-Kuvertüre ausgießen, mit den verschiedensten Füllungen versehen und die Oberfläche entsprechend dekorativ gestalten.

Von links oben nach rechts unten: 1. Füllung: Weinbrandcanache, Himbeermarmelade, Trüffelstreusel. 2. Füllung: Orangecanache, feingehacktes Orangeat, Zitronenfondant, Geleepunkt. 3. Füllung: Kirschwassermarzipan, Vanillecanache, je zur Hälfte mit Marzipan decken, Geleepunkte. 4. Füllung: Mokkatrüffelmasse, Einlage Weinbrandkandierperle, Mokkafondant. 5. Füllung: Himbeercanache, Vanillefondant, Geleepunkte. 6. Füllung: Aprikocanache, Aprikosenmarmelade, Schokoladenraspel, Kakaopulver. 7. Füllung: Haselnußnugatkrem, Krokant, mit Marzipan decken, Kuvertürepunkte.

45

2. Mokka

Mit Stanze Herzen aus Mokkamarzipan ausstechen. Mit je einem Punkt Johannisbeergelee und Mokkacanache füllen. Oberfläche mit verdünnter 70/30-Kuvertüre decken und mit Kaffeebohne schmücken.
Canache: 500 g Rahm, 70 g Glykose, 4 Teelöffel Pulverkaffee kochen, dann 500 g 60/40-Kuvertüre, 500 g Milchkuvertüre sowie 50 g Kirschwasser beigeben. Die Körper bis zum Rand in Milchkuvertüre tunken.
Marzipan: 500 g Marzipanrohmasse, 25 g Glykose, 200 g Staubzucker, etwa 25 g Mokkapaste.

3. Kirsch

Aus Vanillemarzipan wird mit Hilfe einer Stanze die Herzform gefertigt.
Füllung: Kirschenmarmelade mit Säure abschmecken, dann mit Milchkuvertüre abdecken.
Dekor: Belegkirschenscheibchen und dann die Körper bis zum Rand in 60/40-Kuvertüre tunken.
Marzipan: 500 g Marzipanrohmasse, 30 g Glykose, 200 g Staubzucker, Vanille.

47

4. Karamelierter Marzipan

1000 g Marzipanrohmasse mit 25 g Staubzucker und 2 g Frischhaltemittel anwirken. Den Marzipan zu Stücken von etwa 12 g ausstechen, verschieden formen wie oval, rund usw. Die Oberfläche mit verschiedenen konfierten Früchten wie Ananas, Kirschen, Orangeat sowie Mandeln, Nüssen, Pistazien schmücken. Die Oberfläche der Körper muß gut abgetrocknet und auf etwa 35°C erwärmt sein, ehe diese in Karamel getaucht und später mit Kuvertüre abgesetzt werden.

Karamel: 500 g Zucker, 200 g Wasser, 120 g Glykose auf 148°C kochen, dann etwa 3 Tropfen Weinsteinsäure unterschwenken bei einem Verhältnis von 100 g Weinsteinsäure zu 100 g Wasser.

49

5. Kandierter Fondant

Fondant mit Aromastoff wie Fruchtpulverdestillat versetzen. Auf 75°C erwärmen und mittels eines Gießtrichters in Puderformen füllen. Nach etwa einer Stunde werden die Körper entpudert, in den Kandierkasten gelegt und mit einer Zuckerlösung, die auf 105°C gekocht und auf 32°C abgekühlt wurde, übergossen. Die Lösung muß etwa 0,5 cm über den Fondantkörpern stehen. Die Oberfläche dann mit einem Gitter oder Leinentuch bedecken und bei etwa 28°C 16 Stunden lang stehenlassen. Nach Abschluß der Kristallbildung das Leinentuch oder Gitter abheben und die übrige Zuckerlösung ablassen.

Die kandierten Fondantkörper zum Abtrocknen der Oberfläche in den Wärmeschrank bei etwa 30°C geben und danach die Bodenfläche in eine 60/40-Kuvertüre tunken.

51

6. Williams-Nugat

Eine glatte, konische Form mit Milchkuvertüre ausgießen, mit Williamsbirnecanache und Vanillemarzipankrem je zur Hälfte füllen und mit 60/40-Kuvertüre zustreichen. Den Korpus drehen, Mandelnugat aufdressieren, ganz in Milchkuvertüre tunken und als Schmuck Schokoladenplättchen aufstreuen.

Canache: 500 g Rahm, 70 g Glykose kochen, dann 700 g 60/40-Kuvertüre, 200 g Milchkuvertüre sowie 120 g Williamsbirnenbrand (50 Vol.-%) beigeben, die Masse temperieren und bei 25°C verarbeiten.

Marzipankrem: 250 g Fondant, 250 g Marzipanrohmasse, eine halbe Schote Vanille auf 25°C erwärmen, dann mit Läuterzucker von 24° Bé etwas verdünnen.

Nugat: 500 g Mandelnugat mit 150 g Butter sowie 50 g aufgelöster Kakaobutter zusammen wenig schaumig rühren.

53

7. Kirschtrüffel

Hohlkugeln aus weißer Dekormasse mit Kirschwassercanache füllen, die Öffnung mit Kuvertürepunkt verschließen und die Körper auf einen aus Nugatmasse gespritzten Stern setzen.
Dekor: Milchkuvertürespirale.

Canache: 400 g Rahm, 70 g Glykose kochen, dann 650 g 70/30-Kuvertüre, 60 g Butter sowie 100 g Kirschwasser (50 Vol.-%) beigeben.
Nugat: 500 g Nugatmasse mit 60 g aufgelöster Kakaobutter vermischen.

8. Nugattrüffel

In Hohlkugeln aus 60/40-Kuvertüre einen Tupfer Aprikosenmarmelade eingeben, mit Nugatkrem auffüllen und mit einem Milchkuvertürepunkt verschließen.
Dekor: Kuvertürepunkt und Blattgold.

Krem: 150 g Rahm zusammen mit 50 g Fondant kochen, bei etwa 60°C 300 g Nußnugat, 60 g feingemahlenen Krokant einrühren. Das Ganze zu einer glatten Masse verarbeiten.

55

9. Weinbrandcanache

Formen mit Milchkuvertüre ausgießen, in die Hohlkörper Johannisbeergelee geben, mit Weinbrandcanache auffüllen und mit Milchkuvertüre abdecken.
Dekor: Punkte von heller Milchkuvertüre.

Canache: 500 g Rahm mit 80 g Glykose kochen und dann 600 g 60/40-Kuvertüre und 400 g Milchkuvertüre zusammen mit 80 g Butter sowie 120 g Weinbrand hinzugeben.

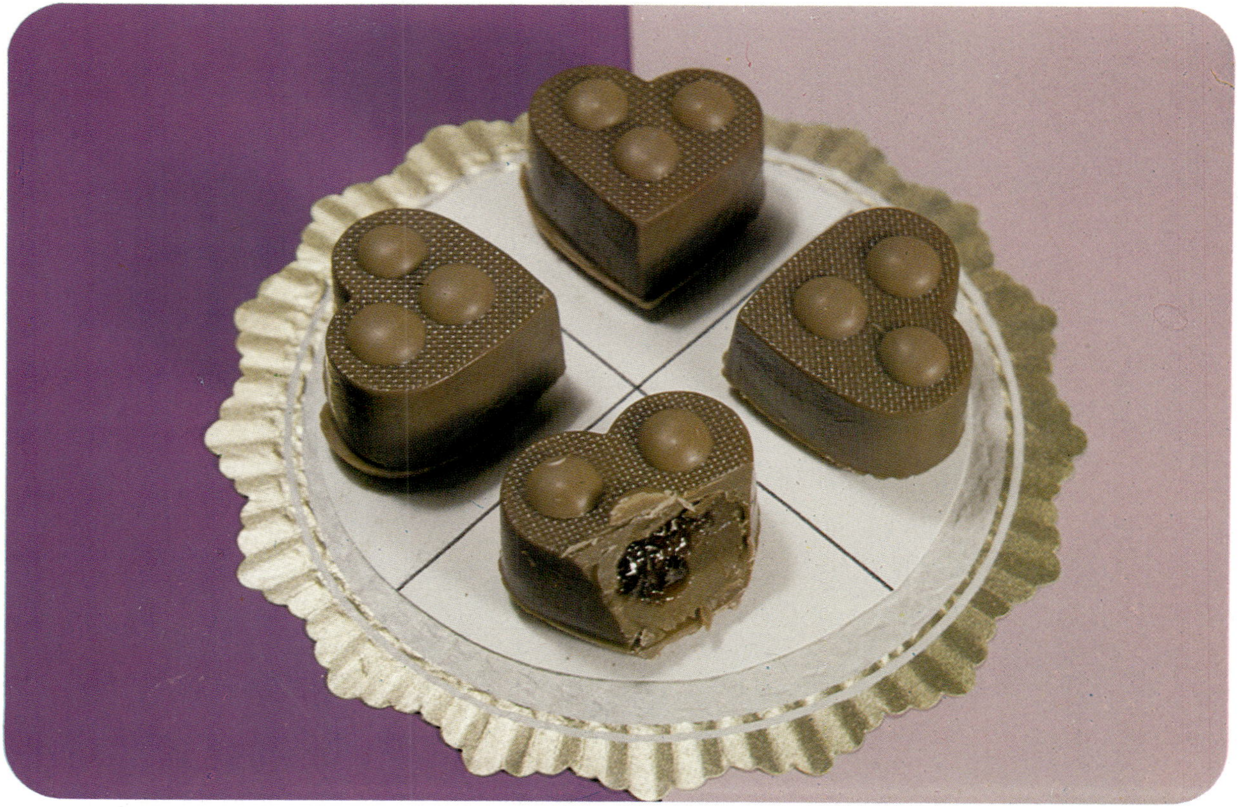

10. Zitronenmarzipan

500 g Marzipanrohmasse, 20 g Glykose, 150 g Staubzucker mit Zitronenschalenaroma und etwas Zitronensäure zu einer Masse anwirken, dann diese etwa 1 cm stark ausrollen, ausstechen und mit 60/40-Kuvertüre überziehen.

Dekor: Offene Spirale aus Milchkuvertüre.

11. Vanille-Rahm

400 g Rahm, 500 g Zucker, 140 g Glykose, eine halbe Schale Vanille auf 113°C kochen, dann 80 g Butter beigeben und bis 117°C fertigkochen. Den Kessel kurz in eiskaltes Wasser tauchen und die Masse sofort auf eine geölte Marmorplatte in etwa 1 cm dicke Schienen gießen. Nach dem Erkalten der Masse die Bodenseite mit Kuvertüre bestreichen und dann zu Rechtecken von etwa 1,5 × 3 cm schneiden.
Überzug: Milchkuvertüre.
Dekor: Dunkle Kuvertüre und Blattgold.

59

12. Prinzeß

250 g Zucker schmelzen, dann 250 g geröstete, grobgemahlene Haselnüsse unterspateln. Die Masse sofort auf eine geölte Marmorplatte geben und etwa 0,5 cm dick ausrollen. Den erkalteten Krokant grob mahlen, unter etwa 500 g 60/40-Kuvertüre ziehen, sofort mit Löffel oder Mandelsplitterapparat auf Absetzpapier portionieren.

13. Prinzeß-Orange

250 g Zucker schmelzen, dann 250 g gehobelte, geröstete Mandeln unterspateln. Die Masse sofort auf eine geölte Marmorplatte geben und etwa 0,5 cm dick ausrollen. Den erkalteten Krokant grob mahlen, mit 130 g feingehacktem Orangeat vermischen, unter etwa 500 g Milchkuvertüre ziehen und dann sofort mit einem Löffel oder einem Mandelsplitterapparat auf Absetzpapier portionieren.

61

14. Cointreau-Marzipan

500 g Marzipanrohmasse, 150 g Staubzucker, 50 g Mandeln, 50 g Orangeat, beides fein gehackt, 60 g Cointreau (60 Vol.-%) und etwa 10 Tropfen Weinsteinsäure zusammen zu einer Masse anwirken. Diese wird etwa 0,8 cm dick ausgerollt und in ovaler Form ausgestochen sowie mit einer Milchkuvertüre überzogen und daraufhin mit einem Schokoladen-Cointreau-Siegel geschmückt.

15. Canache-Weichkrokant

250 g Zucker schmelzen, dann 25 g Glykose, 70 g Rahm, 25 g Butter, 220 g Marzipanrohmasse, 150 g geröstete, gehobelte Mandeln der Reihe nach unterspateln. Die Masse etwa 0,4 cm stark auf geölter Marmorplatte ausrollen, nach dem Erkalten die Canache etwa 0,4 cm dick aufstreichen, die Bodenseite mit Kuvertüre bestreichen und in Quadrate von 2 × 2 cm Größe schneiden.

Überzug: Milchkuvertüre.
Dekor: Blüten aus Kuvertüre.
Canache: 250 g Rahm, 50 g Fondant kochen und dann 500 g 60/40-Kuvertüre sowie 50 g Rum (55 Vol.-%) beigeben.

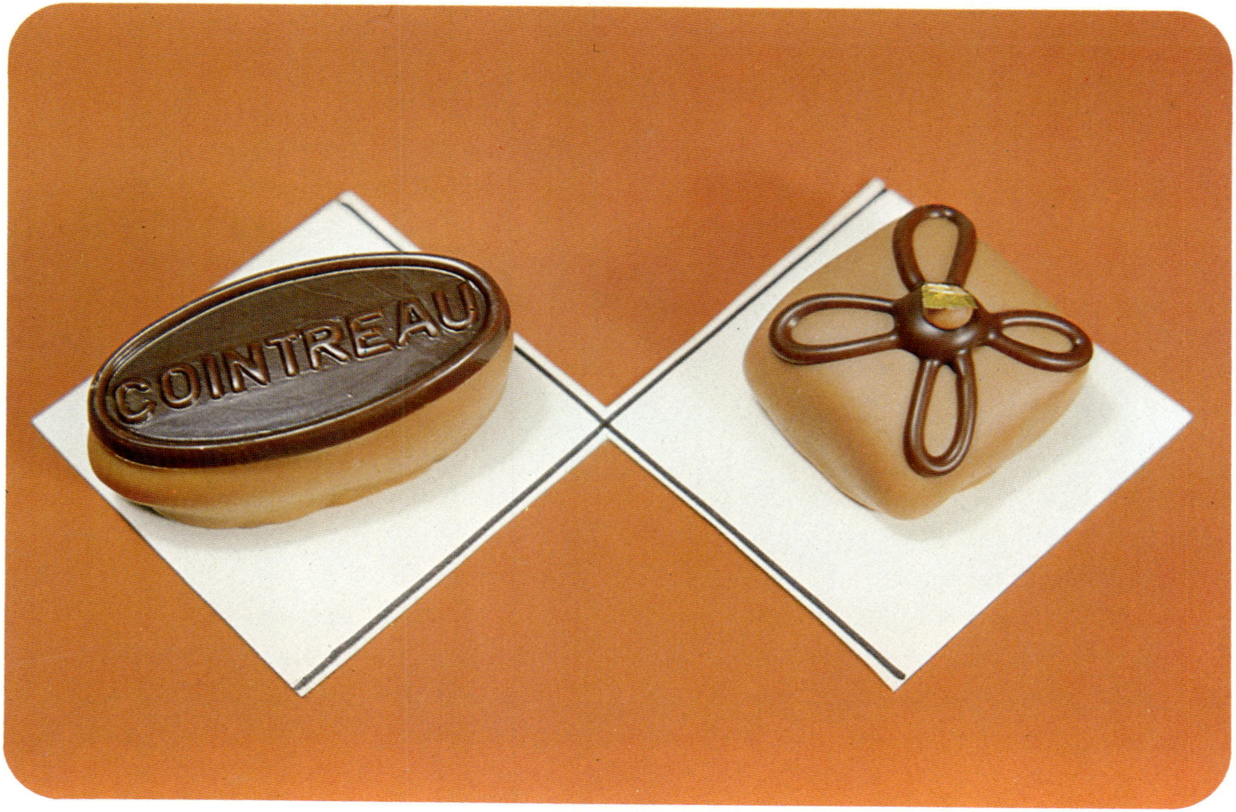
COINTREAU

16. Krokant-Nugat

100 g Zucker schmelzen, dann 100 g geröstete, gemahlene Nüsse zugeben. Diesen Krokant sofort auf eine geölte Marmorplatte geben, ausrollen und nach Abkühlung fein mahlen. Die Krokantbrösel unter 500 g Marzipanrohmasse sowie 40 g Rum (55 Vol.-%) wirken und etwa 0,8 cm dick ausrollen. Den ausgerollten Marzipan dünn mit Kuvertüre bestreichen, auf Quadrate 2×2 cm schneiden, je einen Nugatpunkt aufdressieren, in 60/40-Kuvertüre tunken und als Dekor gehackte Nüsse aufstreuen.

17. Schichtnugat

Unter 600 g hellen Mandelnugat 70 g Kakaobutter arbeiten. Das gleiche gilt für 600 g dunklen Nußnugat und 70 g Kakaobutter. Mit Hilfe von Metallschienen werden die Massen im Wechsel etwa 2,5 cm stark übereinander aufgetragen. Die untere Lage muß stets angezogen haben, ehe eine neue Lage aufgestrichen wird. Dann die Bodenseite dünn mit Milchkuvertüre bestreichen, die Oberfläche mit gleicher Kuvertüre überziehen, mit Kamm profilieren, in Stücke von 1,5×3 cm schneiden.

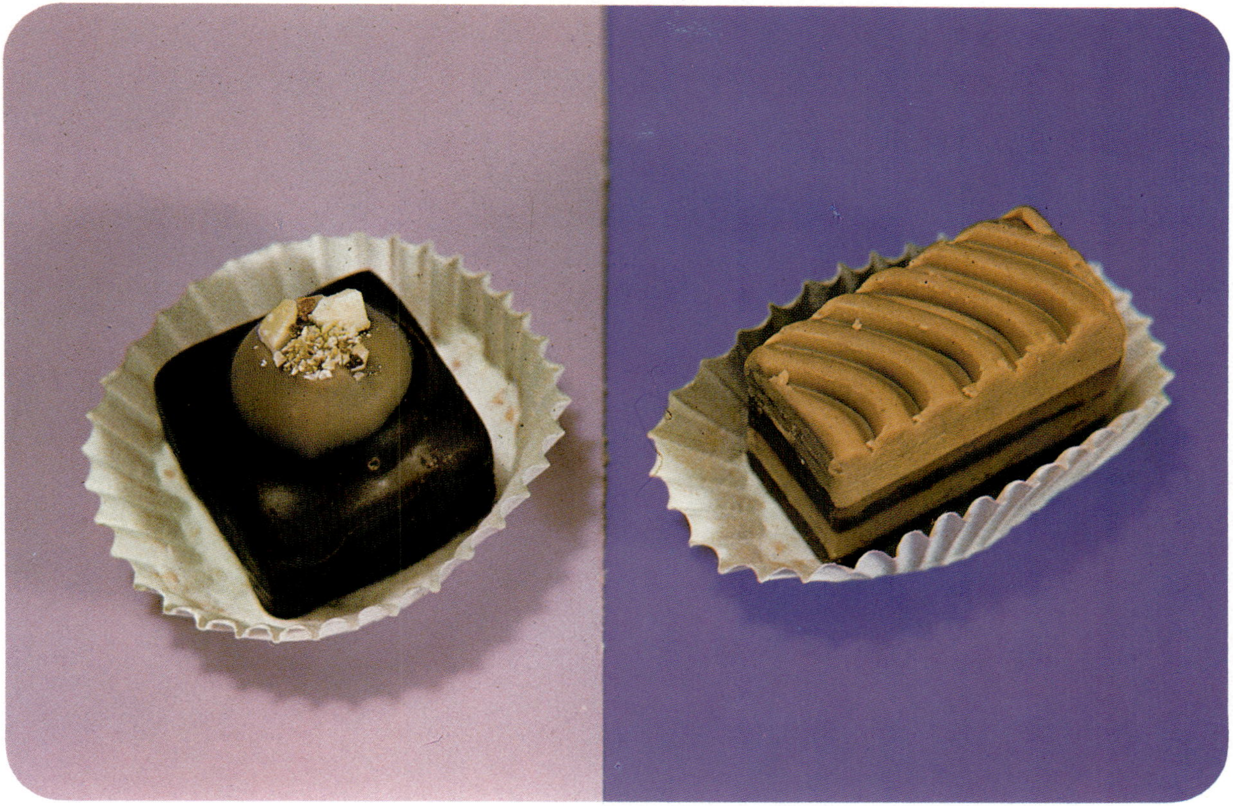

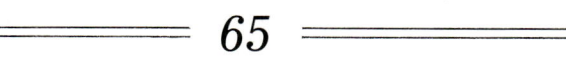

18. Canache-Marzipan

1000 g Marzipanrohmasse mit 40 g Glykose, 350 g Staubzucker und einer halben Schote Vanille anwirken. Diese Masse auf 0,3 cm Stärke ausrollen, in 2 gleich große Stücke teilen und Canache dazwischenstreichen.

Canache: 400 g Rahm mit 40 g Glykose sowie einem Teelöffel Pulverkaffee kochen, dann 700 g 60/40-Kuvertüre, 250 g Milchkuvertüre sowie 50 g Weinbrand zugeben und die Masse bei etwa 25°C wenig schaumig rühren. Nachdem die Masse abgestanden ist und sich gut schneiden läßt, werden die Körper in Stücke von etwa 1,2×3 cm Größe geschnitten und mit Milchkuvertüre überzogen.
Dekor: Kleine Mandelsplitter.

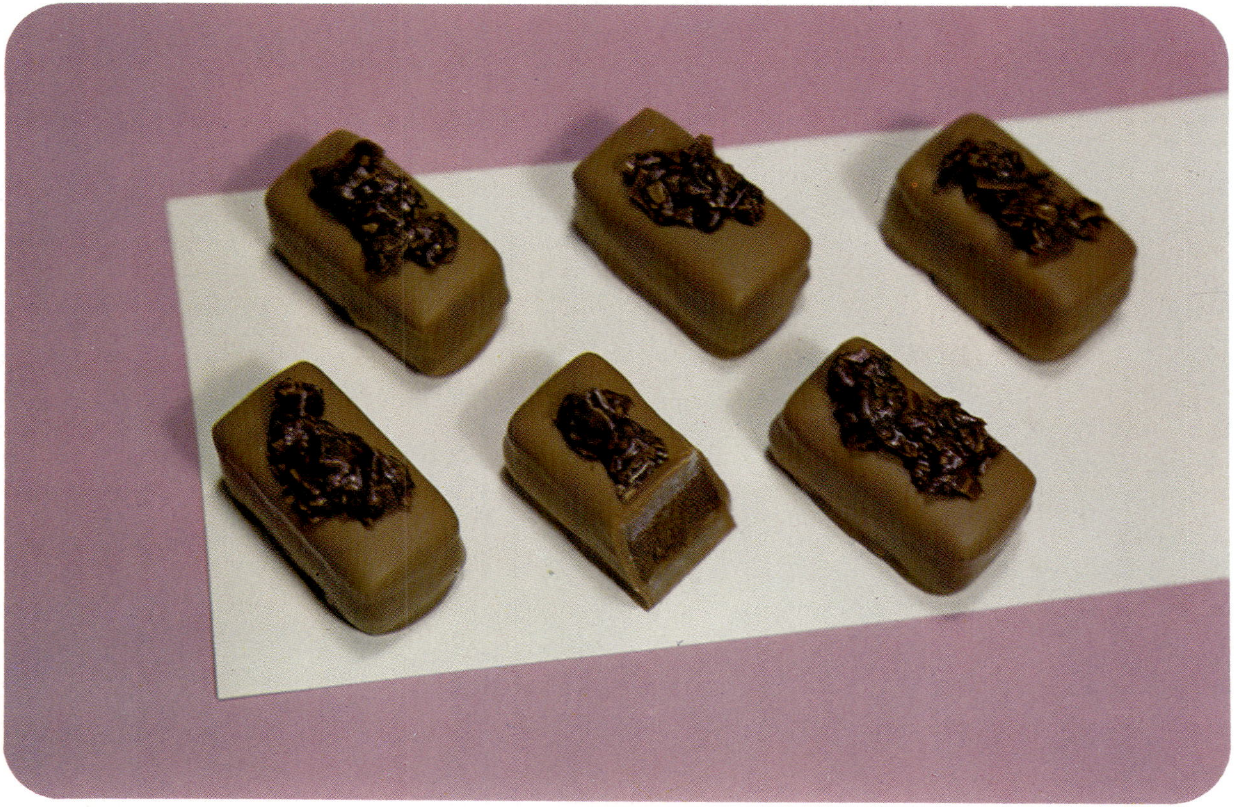

19. Grand-Marnier-Trüffel

500 g Rahm mit 100 g Glykose aufkochen, dann 600 g Milchkuvertüre, 500 g 60/40-Kuvertüre, 120 g Grand Marnier und 60 g Butter beigeben. Nach Abkühlung der Masse auf etwa 27° C wird sie in Hohlkugeln von 60/40-Kuvertüre eingespritzt, mit gleicher Schokolade abgedeckt und auf einem Gitter abgerollt.

20. Williams-Canache

500 g Rahm mit 60 g Glykose aufkochen, dann 600 g Milchkuvertüre, 600 g 60/40-Kuvertüre sowie 100 g Williamsbirnenbrand (50 Vol.-%) der Reihe nach beigeben. Die Masse nach Abkühlung schaumig rühren, 1 cm stark aufstreichen und ausreichend absteifen lassen. Nun die Oberfläche mit weißer Dekormasse bestreichen, mit einem Kamm profilieren, zu Körpern von etwa 1,3×3 cm Größe schneiden und in 60/40-Kuvertüre abtunken.

Dekor: Punkte aus Schokolade und Blattgold aufsetzen.

69

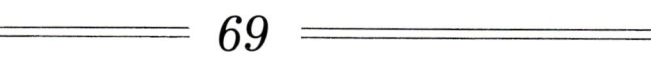

21. Arrak-Mandelkrem

Mit 60/40-Kuvertüre werden runde Hohlkörper mit Hilfe entsprechender Formen hergestellt. In diese wird ein Tupfen Johannisbeergelee gegeben, mit Mandelkrem bis etwa 2 mm unter die Oberkante gefüllt und mit Kuvertüre abgedeckt.

Dekor: Milchkuvertüre und halbe angeröstete Mandeln.

Krem: 500 g Marzipanrohmasse mit 100 g Arrak und etwa 150 g Läuterzucker von 24° Bé zu einer glatten Masse bereiten.

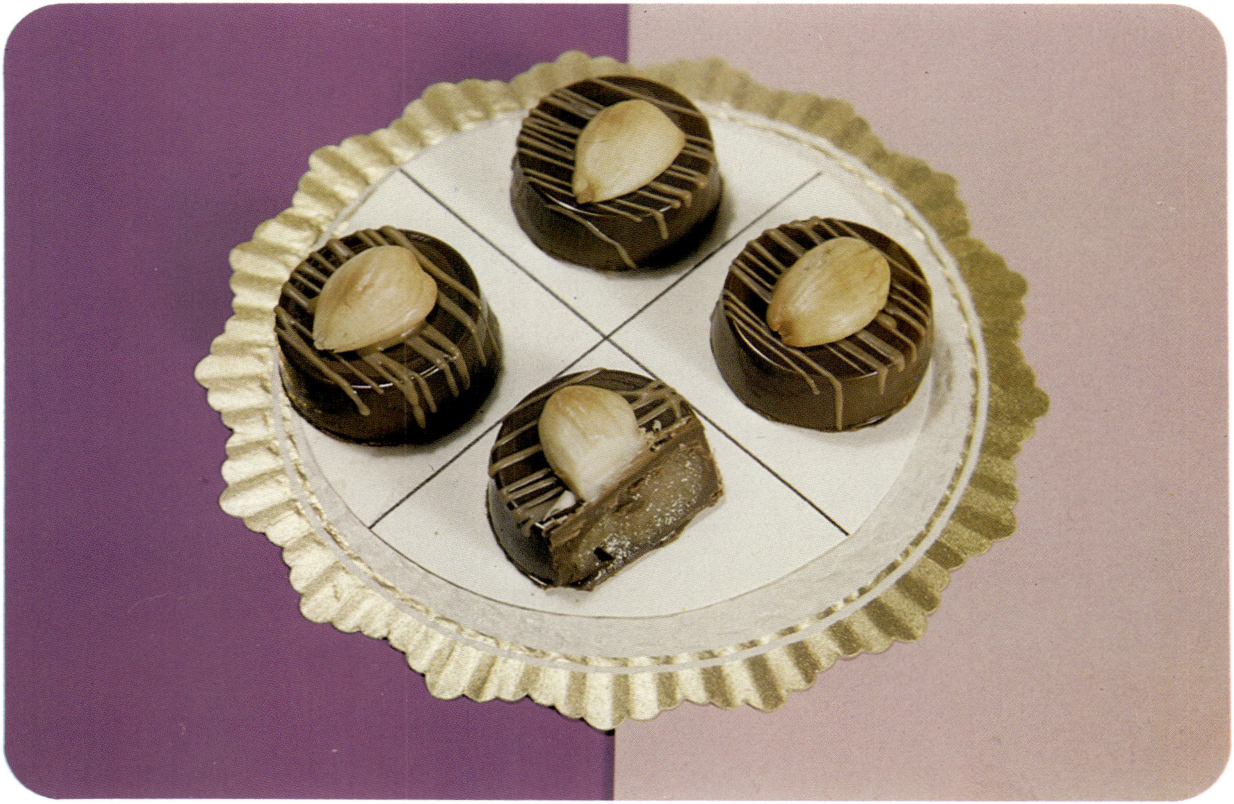

22. Aprikot-Likör

In 60/40-Kuvertürehohlkugeln mit kleiner Öffnung wird mit Hilfe eines Gießtrichters oder Spezialportionsfüllapparates der Likör eingebracht. Dann die Öffnung mit 60/40-Kuvertüre verschließen, mit gleicher Kuvertüre über ein Gitter abrollen und dann mit gehackten Pistazien schmücken.

Likör: 500 g Zucker mit 200 g Wasser und 150 g Glykose auf 118°C kochen. Die Lösung bis etwa 38°C abkühlen lassen und 180 g Aprikotdestillat (etwa 45 Vol.-%) und 15 Tropfen Weinsteinsäure zugeben.

23. Mokkalikör

In Milchkuvertürehohlkugeln mit kleiner Öffnung wird mit Hilfe eines Gießtrichters oder Spezialportionsfüllapparates der Likör bei etwa 25°C eingebracht. Die Öffnung wird mit Milchkuvertüre verschlossen und anschließend mit verdünnter Milchkuvertüre überzogen.

Dekor: Trüffelschokolade.
Likörfüllung: 500 g Zucker, 200 g Wasser, 150 g Glykose, 4 Teelöffel Pulverkaffee auf 118°C kochen. Die Lösung bis auf etwa 50°C abkühlen lassen und dann 180 g Weinbrand bei einer Verarbeitungstemperatur von 24°C gut unterrühren.

73

24. Milchmandelsplitter

1000 g gestiftelte Mandeln in einen Kessel geben, dazu etwa 50 g Eiweiß, dies gut miteinander vermengen, so daß ein Eiweißfilm die Mandeln umgibt, dann mit Staubzucker wenig übersieben, gut vermengen und goldgelb rösten. Die abgekühlten Mandeln unter 1000 g verdünnte Milchkuvertüre geben und mit einem Löffel oder einem Portionsapparat auf Absetzpapier aufportionieren.

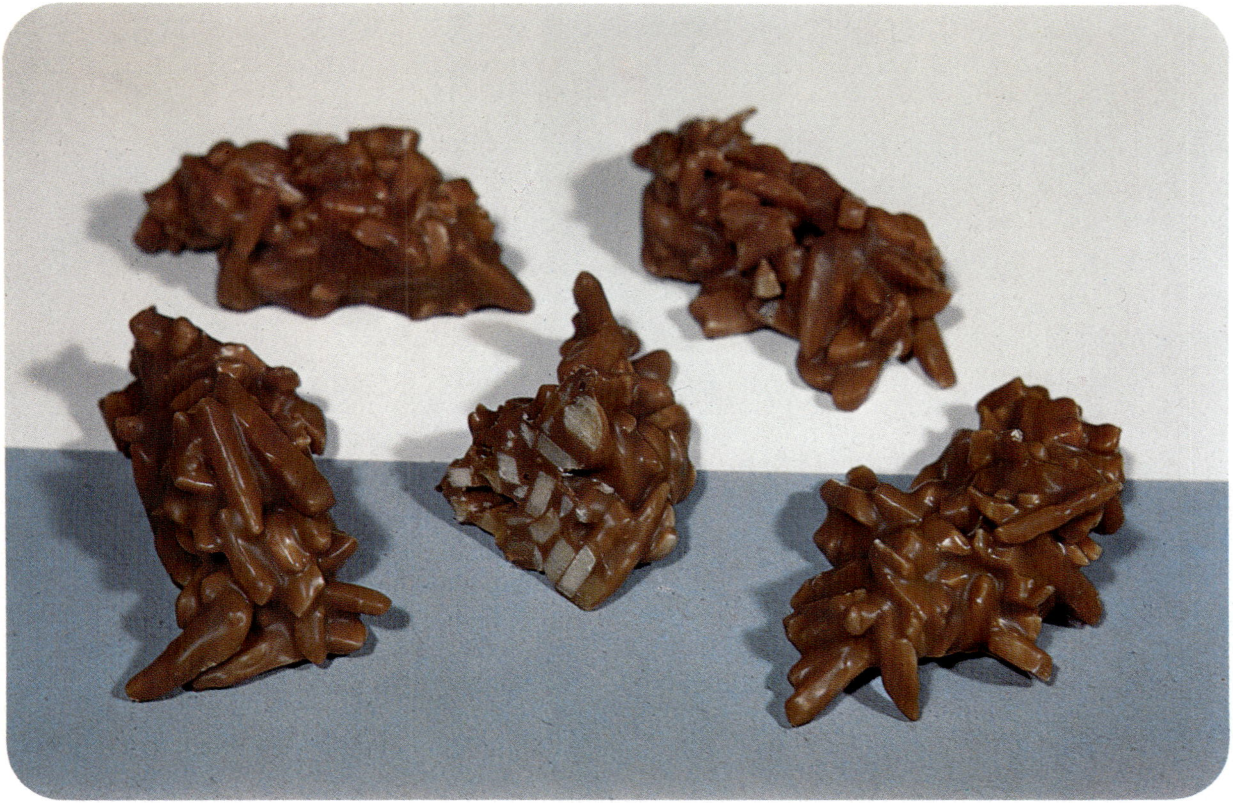

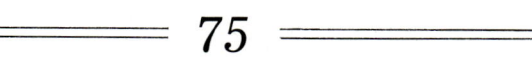

25. Kirschlikör

500 g Zucker mit 200 g Wasser auf 118°C kochen. Diese Lösung mit einem feuchten Tuch abdecken, bis auf etwa 95°C abkühlen lassen, dann 180 g erwärmtes Kirschwasser (etwa 45 Vol.-%) auf dreimal intensiv unterschwenken. Die Flüssigkeit sofort mit einem Gießtrichter in die mit Gipsstempeln ausgedrückten Puderformen gießen. Die Oberfläche mit Puder besieben, nach etwa 12 Stunden die Körper entpudern und mit Milchkuvertüre überziehen.
Dekor: Dunkle Kuvertüre.

26. Cointreau Spezial

Formen mit 60/40-Kuvertüre ausgießen und bis zur Hälfte mit Fondantkrem füllen. Wenn dieser angezogen ist, wird Canache etwa 2 mm bis zum Rand eindressiert und die Pralinen mit dunkler Kuvertüre abgedeckt.
Krem: Unter 500 g Fondant 150 g Cointreau arbeiten und bis etwa 25°C erwärmen.
Canache: 500 g Rahm mit 100 g Fondant sowie 80 g Glykose kochen, dann 400 g Milchkuvertüre, 500 g 60/40-Kuvertüre und 180 g Cointreau (60 Vol.-%) beigeben. Die Abfülltemperatur soll bei 24°C liegen.

77

27. Rum-Canache

Auf tropfenförmige Kuvertüreplättchen wird eine leicht schaumig gerührte, abgekühlte Canache dressiert.
Überzug: Milchkuvertüre.

Dekor: 60/40-Kuvertüre.
Canache: 500 g Rahm mit 50 g Glykose kochen, 800 g 60/40-Kuvertüre und 200 g Milchkuvertüre, 120 g Rum beigeben.

79

28. Mandel-Nugat

350 g Rahm mit 50 g Glykose zum Kochen bringen, dann 600 g 60/40-Kuvertüre beigeben. Der erkalteten Masse 250 g Mandelnugat und 125 g Butter zugeben, wenig schaumig rühren und etwa 1 cm stark aufstreichen. Nach dem Absteifen die Bodenseite dünn mit Kuvertüre bestreichen und in Rhombusformen schneiden.
Überzug: 60/40-Kuvertüre.
Dekor: Milchkuvertüre.

29. Mandelmarzipan

Unter 500 g Marzipanrohmasse 50 g Glykose, 200 g Staubzucker, 100 g feingemahlene Mandeln, etwa 5 Tropfen Bittermandelöl wirken. Die Masse etwa 1 cm stark ausrollen und dann in Dreiecke schneiden.
Überzug: Milchkuvertüre.
Dekor: Schleifen von 60/40-Kuvertüre und geviertelte Pistazien.

81

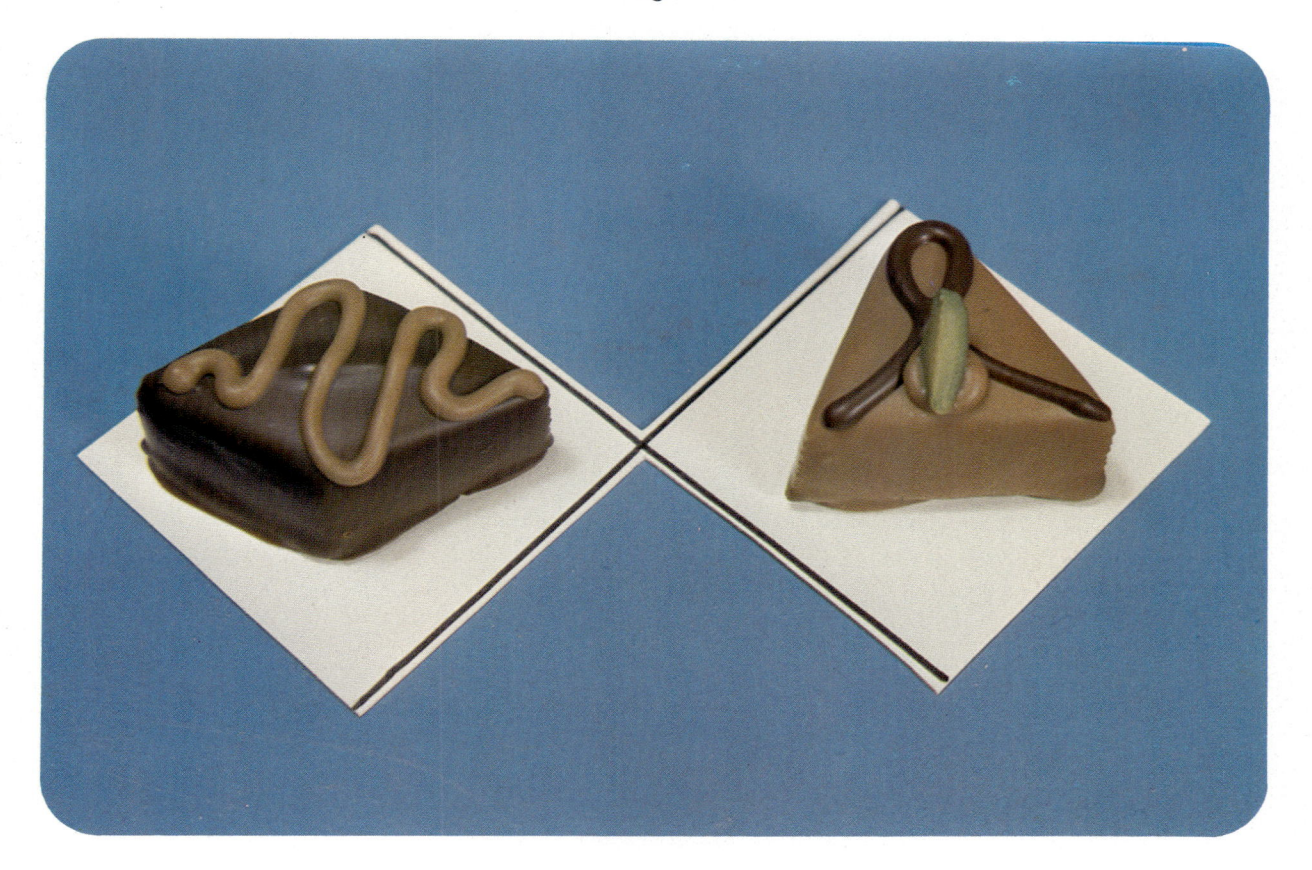

30. Mokka-Fondant

Unter 500 g Fondant 3 Teelöffel Pulverkaffee, in einer geringen Menge Wasser gelöst, sowie etwa 25 g hochprozentigen Rum geben, auf 75°C erwärmen und mit einem Gießtrichter in die in Puderkästen gedrückten Formen gießen. Nach etwa einer Stunde werden die Fondantkörper ausgepudert, mit Milchkuvertüre überzogen und einem spiraligen Dekor aus 60/40-Kuvertüre versehen.

83

31. Früchte-Marzipan

50 g Nüsse, 50 g Orangeat, 50 g Mandeln, 50 g konfierte Kirschen, alles fein gehackt, unter 500 g Marzipanrohmasse und 60 g Glykose geben, mit Rum zu einer dressierfähigen Masse zusammenarbeiten und auf 60/40-Kuvertüreplättchen von etwa 3 cm Durchmesser spritzen.

Überzug: Milchkuvertüre. Sofort mit 60/40-Kuvertüre dekorieren, also vor dem Festwerden der Milchkuvertüre.

32. Honig-Krem

Die Formen werden mit 60/40-Kuvertüre ausgegossen, dann die temperierte Füllung bei etwa 25°C bis etwa 2 mm unter den Rand eingefüllt und die Pralinen anschließend mit der gleichen Kuvertüre abgedeckt.

Dekor: Milchkuvertürepunkte und Schokoladenstreusel.

Krem: 250 g Zucker schmelzen, dazu 50 g Butter, 100 g bis 40°C erwärmten Rahm sowie 100 g Bienenhonig und 100 g Fondant der Reihe nach beigeben.

85

33. Krokant-Nugat

Unter 500 g Nußnugat feingemahlenen Krokant sowie 60 g flüssige Kakaobutter arbeiten und die Masse wenig schaumig rühren. Davon Stangen mit der Lochtülle auf Papier dressieren, nach dem Festwerden in etwa 3,5 cm lange Stücke schneiden und mit Milchkuvertüre überziehen. Dekor mit 60/40-Kuvertüre aufgarnieren.

87

34. Kirschkrem

Eine Form mit 60/40-Kuvertüre ausgießen und dann die Füllung temperiert auf etwa 24 bis 25°C in die Körper bis kurz unter die Oberkante einfüllen. Die Pralinen mit gleicher, aber verdünnter Kuvertüre abdecken.
Dekor: Milchkuvertüre.

Krem: Unter 500 g Fondant 200 g Marzipanrohmasse sowie etwa 120 g Kirschwasser geben und diese Masse auf etwa 24 bis 25°C erwärmen. Wenn die Fließeigenschaft der Masse nicht ausreicht, etwas Läuterzucker von etwa 24° Bé beifügen.

89

35. Butternugat

Auf 60/40-Kuvertüreplättchen werden Johannisbeergelee-Tupfen aufgetragen. Diese Arbeit sollte man möglichst einen Tag vorher durchführen, so daß sich eine Haut gebildet hat und das Aufdressieren der Masse als Rosette erleichtert wird. Danach die Körper mit 60/40-Kuvertüre überziehen und den Dekor mit weißer Dekormasse und kandierten Veilchen ausführen.

Masse: 250 g Butter mit 50 g Staubzucker, 50 g Glykose sowie 150 g Nugat schaumig rühren und dann 400 g Milchkuvertüre, auf etwa 30 bis 32°C temperiert, zugeben. Dadurch wird der Verarbeitungszeitraum verlängert.

36. Krokant-Canache

500 g Rahm, 70 g Glykose, Vanille zum Kochen bringen, dann 300 g Milchkuvertüre und 700 g 60/40-Kuvertüre beigeben. Der abgekühlten Masse 200 g Butter sowie 250 g mittelfein gemahlenen Nußkrokant beigeben und wenig schaumig rühren. Die Masse 1 cm stark aufstreichen, nach dem Erkalten die Bodenseite mit Kuvertüre bestreichen und in etwa 1,3 × 3,5 cm große Stücke schneiden. Nach dem Überzug mit Milchkuvertüre sofort den Dekor mit 60/40-Kuvertüre auftragen.

91

37. Rum-Marzipan-Nugat

Unter 500 g Marzipanrohmasse 40 g Glykose, 170 g Staubzucker und 50 g 55%igen Rum wirken. Die Masse etwa 0,6 cm dick ausrollen und darüber etwa 0,5 cm dick Nugat geben. Diese Fläche, nachdem sie fest geworden ist, mit Milchkuvertüre bestreichen und mit gleicher Kuvertüre überziehen. Den Dekor mit der Überziehgabel ausführen.

Nugat: 500 g Nußnugat mit 100 g Butter und 70 g flüssiger Kakaobutter wenig schaumig rühren.

93

38. Nußkrem

500 g Nußnugat, hell, 200 g Butter, 50 g gelöste Kakaobutter schaumig rühren und 150 g geröstete, feingemahlene Nüsse unterziehen. Von dieser Masse werden je 3 Tupfen auf 60/40-Kuvertüreplättchen von etwa 2,5 cm Durchmesser dressiert, mit Milchkuvertüre überzogen und sofort mit weißer Dekormasse geschmückt.

39. Maraschinokrem

Formen mit 60/40-Kuvertüre ausgießen. In die Hohlkörper einen Tupfen Aprikosenkonfitüre einspritzen, mit Maraschinokrem bis etwa 0,2 cm unter den Rand füllen und mit gleicher Kuvertüre abdecken.
Dekor: Halbe Pistazie.

Krem: Unter 500 g Marzipanrohmasse 150 g Fondant, 50 g Butter, 30 g feingehackte Pistazien, 100 g Maraschino geben und auf 25°C erwärmen. Wenn erforderlich, noch etwas Läuterzucker beigeben, um die Fließeigenschaft zu erreichen.

95

40. Himbeerkrem

Formen mit Milchkuvertüre ausgießen. In die Hohlkörper zuerst einen Tupfen Johannisbeergelee geben, dann mit Himbeerkrem bis etwa 0,2 cm unter den Rand füllen. Nach dem Anziehen der Füllung mit gleicher Kuvertüre abdecken.

Krem: Unter 500 g Marzipanrohmasse 250 g Fondant sowie 120 g Kirschwasser arbeiten und auf 24° C erwärmen. Wenn die Masse noch keine ausreichende Fließeigenschaft zeigt, noch etwas Läuterzucker von 24° Bé beigeben.

97

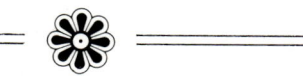

41. Vanille-Canache

500 g Rahm, 80 g Glykosesirup, eine Schote Vanille kochen, dann 900 g 70/30-Kuvertüre beigeben. Die Masse in 1 cm hohe Schienen füllen, wenn sie gut durchgekühlt ist, die Bodenseite dünn mit Milchkuvertüre bestreichen. Dann zu Körpern von 1,2×3,5 cm Größe schneiden und anschließend mit der gleichen Kuvertüre überziehen.
Dekor: Weiße Dekormasse, Veilchen.

42. Curaçao

Formen mit 60/40-Kuvertüre ausgießen, in die Hohlkörper einen Tupfen Orangenkonfitüre geben, Curaçao-Canache bis 0,2 cm unter den Rand einfüllen, mit dünnem Krokantplättchen decken und nach dem Anziehen der Füllung in Milchkuvertüre abtunken.
Dekor: Punkte aus Milchkuvertüre und Orangeat.
Masse: 500 g Rahm mit 70 g Glykose kochen, dann 500 g Milchkuvertüre, 400 g 60/40-Kuvertüre, 200 g Nugat und 120 g Curaçao beigeben. Dann die Masse auf 24°C temperieren und sofort verarbeiten.

99

43. Chartreuse

500 g Rahm mit 70 g Glykose kochen und 900 g 60/40-Kuvertüre sowie 100 g Chartreuse beigeben. Der abgekühlten Masse etwa 150 g Butter zusetzen, etwas schaumig rühren und mittels Lochtülle Stangen von etwa 1,2 cm Durchmesser aufdressieren. Nachdem die Masse angezogen hat, in etwa 3,5 cm lange Stücke teilen und mit 60/40-Kuvertüre überziehen.
Dekor: Linien aus Milchkuvertüre.

101

44. Rum-Nuß

Auf Milchkuvertüreplättchen von 2,5 cm Durchmesser wird ein Tupfen Noisettekrem gegeben, darauf eine kleine kandierte Rumkugel geben und mit Noisettekrem eine Halbkugel darüberdressieren.
Überzug: Milchkuvertüre.
Dekor: Garnierung, mit halben Haselnüssen geschmückt.
Krem: 500 g Rahm, 100 g Glykose, Vanille kochen und 800 g Milchkuvertüre beigeben. Nach Abkühlung der Canache 160 g Butter beigeben und schaumig rühren.

45. Mokka-Vanillekrem

500 g Fondant, ½ Schote Vanille, etwa 25 g Wasser je nach Festigkeit des Fondants, dann auf 75° C erhitzen und mit Hilfe eines Gießtrichters die Masse in in Puder gedrückte Formen im Puderkasten bis knapp zur Hälfte füllen. Nun wird in die Mitte etwas Johannisbeergelee gespritzt und die Form mit Mokkafondant bei der gleichen Arbeitsweise aufgefüllt.
Mokkafondant: 500 g Fondant, etwa 30 g Mokkapaste, 20 g Rum. Nach einer Stunde werden die Körper ausgepudert, mit 60/40-Kuvertüre überzogen und mit wenig Kakaopuder bestaubt.

103

46. Aprikosengelee-Canache

Formen mit 60/40-Kuvertüre ausgießen, gut kühlen, zur knappen Hälfte Gelee eingeben, mit Weinbrandcanache bis 2 mm zum Rand auffüllen und mit Kuvertüre verschließen.

Dekor: Halbe Pistazien.

Gelee: 5 g pulverisierter Agar-Agar mit 250 g Weißwein, 250 g Wasser kochen, abschäumen, dann 450 g Zucker, 250 g Glykose, 150 g Aprikosenmark ohne Zucker beigeben und bis auf 106°C kochen. Das Gelee bei etwa 24°C verarbeiten.

Canache: 500 g Rum, 90 g Glykose kochen, dann 800 g 60/40-Kuvertüre sowie 100 g Weinbrand beigeben und auf etwa 24°C temperiert verarbeiten.

105

47. Ananas-Canache

Formen mit Milchkuvertüre ausgießen, je ein schmales, konfiertes Ananasstück einlegen, Rum-Arrak-Canache bis 2 mm unter den Rand füllen, mit Kuvertüre schließen.

Canache: 500 g Rahm, 70 g Glykose kochen, dann 450 g Milchkuvertüre, 450 g 60/40-Kuvertüre, 50 g Rum, 50 g Arrak (beides 55 Vol.-%) beigeben.

48. Mandel-Nugat

Auf ovale 60/40-Kuvertüreplättchen einen Tupfen Johannisbeergelee geben, darauf Nugatmasse mit Lochtülle dressieren, sofort mit gehackten, angerösteten Mandeln bestreuen und anschließend mit Milchkuvertüre überziehen.

Nugatmasse: 500 g Mandelnugat, 50 g flüssige Kakaobutter wenig schaumig rühren.

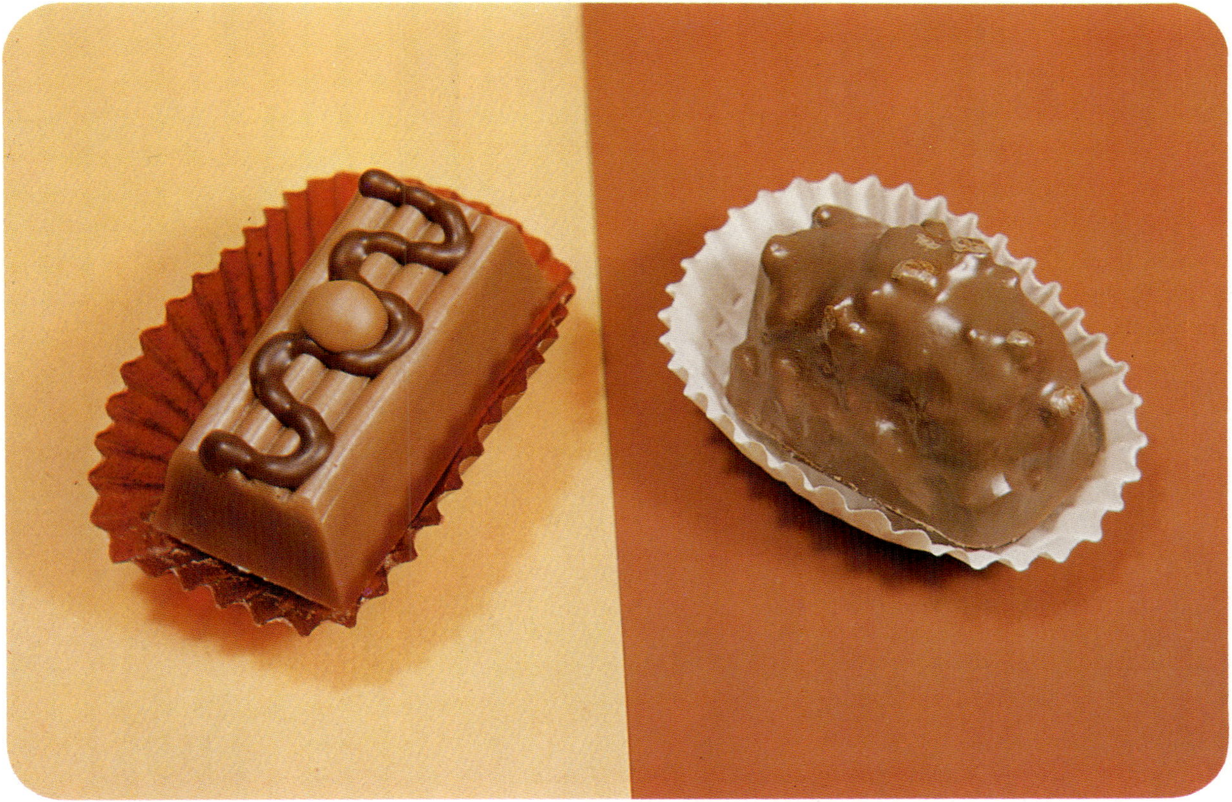

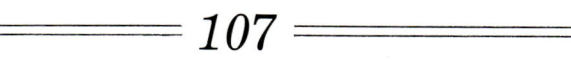

49. Walnuß-Nugat

Walnußhalbschalen mit Milchkuvertüre ausgießen. In die Körper zuerst einen Tupfen Aprikosenmarmelade geben, mit hellem Nußnugat füllen und eine halbe Walnuß auflegen.

Füllung: 500 g Nugat, 50 g flüssige Kakaobutter beifügen und temperiert verarbeiten.

Dies ist eine beliebte Pralinensorte, die außerdem sehr rationell herzustellen ist.

109

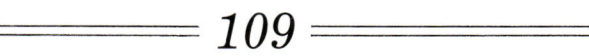

50. Marzipan-Rahm-Nugat

Auf 60/40-Kuvertüreplättchen von 2,5 cm Durchmesser wird ein Tupfen Canache gegeben und darauf je eine halbe, konfierte Kirsche gelegt, die etwa 24 Stunden in Kirschwasser mariniert wurde. Darüber wird nun Kirschwassercanache dressiert, die Pralinen werden mit Milchkuvertüre überzogen und mit dunkler Kuvertüre garniert.
Canache: 500 g Rahm, 70 g Glykose kochen, dann 500 g Milchkuvertüre, 500 g 60/40-Kuvertüre und 120 g Kirschwasser beigeben. Der erkalteten Masse 250 g Butter zusetzen und wenig schaumig rühren.

51. Kirsch-Canache

Formen mit 60/40-Kuvertüre ausgießen. Die Hohlkörper zur Hälfte mit Weinbrandmarzipan füllen, darauf Sahnenugat etwa 2 mm bis zum Rand einfüllen und mit gleicher Kuvertüre abdecken.
Marzipankrem: 500 g Marzipanrohmasse, 130 g Weinbrand, 130 g Läuterzucker 24° Bé zu einer glatten Masse verarbeiten.
Nugat: 500 g Rahm, 70 g Glykose, 50 g Butter zum Kochen bringen, 500 g 60/40-Kuvertüre, 400 g Nußnugat dazugeben, temperiert bei 25°C verarbeiten.

111

52. Weichkrokant

500 g Zucker schmelzen, dann 50 g Glykose, 140 g erwärmten Rahm, 50 g Butter, Vanille, Zimt zusetzen und 440 g Marzipanrohmasse sowie 300 g gehobelte, angeröstete Mandeln unterspateln. Diese Masse auf eine geölte Marmorplatte geben und etwa 0,8 cm dick ausrollen. Nach dem Erkalten die Bodenseite mit Milchkuvertüre bestreichen, in etwa 2 × 2 cm große Quadrate schneiden.

Überzug: Milchkuvertüre. Mit der Überziehgabel dekorieren.

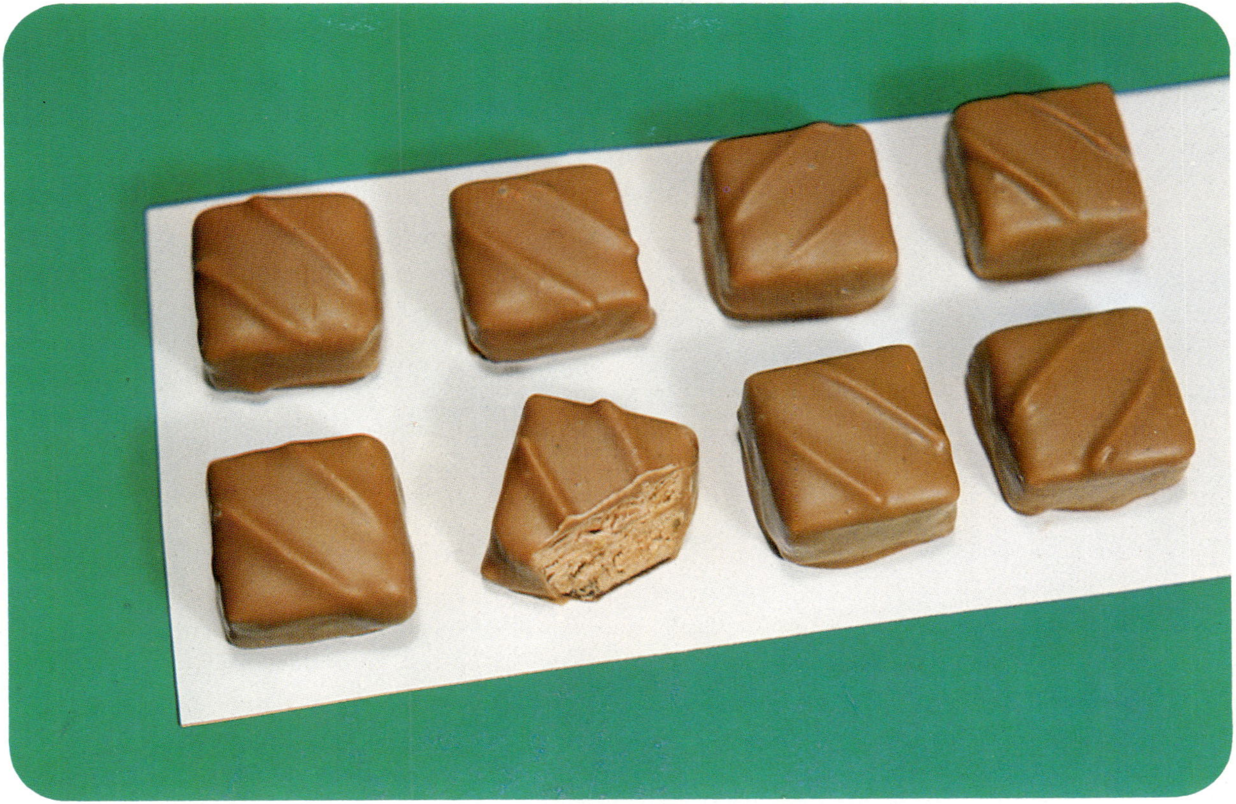

53. Honig-Krokantnugat

500 g Zucker schmelzen, 100 g Bienenhonig auf etwa 60°C erwärmt beigeben und 250 g gehobelte, leicht angeröstete Mandeln unterspateln. Dann die Masse auf eine erwärmte, geölte Metallplatte geben, dünn ausrollen und mit Hilfe einer Bonbonwalze in etwa 1,6 cm große Quadrate schneiden.

Auf 60/40-Kuvertüreplättchen von 2 cm Durchmesser wird Nußnugat dressiert, mit je 3 Krokantstücken umhüllt und mit gleicher Kuvertüre überzogen.
Nugatmasse: 500 g Mandelnugat, 100 g Butter, 60 g flüssige Kakaobutter wenig schaumig rühren.

54. Pistazienmarzipan

Unter 500 g Marzipanrohmasse 30 g Glykose, 120 g Staubzucker, 50 g feingehackte Pistazien, 50 g Maraschinolikör wirken. Dann die Masse zu Strängen von etwa 1,5 cm Durchmesser rollen, in etwa 2,5 cm lange Stücke teilen und zur ovalen Form bringen.
Überzug: Milchkuvertüre.
Dekor: Je eine halbe Pistazie und eine Garnierung mit dunkler Kuvertüre.

115

55. Nuß-Honigkrem

Eine Form mit 60/40-Kuvertüre ausgießen und nach dem Abstocken mit Krem bis etwa 2 mm unter den Rand füllen. Das Verschließen der Körper sollte erst erfolgen, wenn sich auf dem Krem eine Haut gebildet hat, und es sollte mit verdünnter Kuvertüre geschehen.
Dekor: Halbe Nüsse.

Nuß-Honigkrem: 400 g Zucker schmelzen, 180 g auf etwa 50°C erwärmten Honig, 100 g Butter, 200 g Rahm in der gleichen Temperatur beigeben. Nach dem Abkühlen der Masse auf etwa 50°C 70 g Rum (55 Vol.-%) sowie 125 g geröstete, gemahlene Nüsse dazugeben. Der Krem wird bei etwa 24°C in die Körper gefüllt.

117

56. Nuß-Marzipankaramel

250 g Rahm, 300 g Zucker, 90 g Glykose, 50 g Butter auf 113°C kochen, dann 50 g Nugat, 75 g geröstete, gemahlene Haselnüsse beigeben und weiter bis auf 116°C kochen. Die Masse sofort etwa 0,6 cm dick auf eine geölte Marmorplatte ausgießen. Nach dem Abkühlen werden Bodenseite und Oberfläche dünn mit Kuvertüre bestrichen. Dann Rummarzipan etwa 0,6 cm ausrollen, auflegen und kühlen. Zum Schluß die Körper in Quadrate von 2 × 2 cm schneiden, mit 60/40-Kuvertüre überziehen und die Oberfläche garnieren.
Marzipan: Unter 500 g Marzipanrohmasse 30 g Glykose, 200 g Staubzucker und 50 g 55%igen Rum wirken.

57. Kirschlikör

500 g Zucker, 200 g Wasser auf 118°C kochen, auf etwa 80°C abkühlen und 180 g Kirschwasser auf dreimal intensiv unterschwenken. Mit Hilfe eines Gießtrichters in die in Puder gedrückten Formen gießen und mit Puder übersieben. Nach etwa 12 Stunden werden die Körper entpudert, mit Milchkuvertüre überzogen und garniert.

119

58. Marzipan-Rahmnugat

500 g Rahm, 70 g Glykose, Zimt zum Kochen bringen und dann 700 g Milchkuvertüre beigeben. Der erkalteten Masse 150 g Butter sowie 500 g Nugat hinzufügen und wenig schaumig rühren, dann auf etwa 2 cm breite Rummarzipanstreifen dressieren, mit 60/40-Kuvertüre überziehen und mit weißer Dekormasse ausgarnieren.

Rummarzipan: 500 g Marzipanrohmasse, 40 g Glykose, 200 g Staubzucker, 30 g Rum.

59. Nußcanache

Auf 60/40-Kuvertüreplättchen von etwa 2 cm Durchmesser wird Rumcanache halbrund aufdressiert; je mit drei halben gerösteten Nüssen belegen, mit Milchkuvertüre überziehen und ausgarnieren.

Canache: 500 g Rahm, 70 g Glykose kochen, 400 g Milchkuvertüre und 500 g 60/40-Kuvertüre beigeben. Der abgekühlten Masse 200 g Nußnugat und 150 g Butter beifügen und wenig schaumig rühren.

121

60. Cointreau-Nugat

Auf 60/40-Kuvertüreplättchen von etwa 2 cm Durchmesser wird ein kleiner Tupfen Mandelnugat gespritzt, darauf eine kandierte Cointreauperle gegeben und mit gleicher Nugatmasse eine Rosette darübergedressiert.
Überzug: 60/40-Kuvertüre.
Schmuck: Veilchen.
Likör: 500 g Zucker, 200 g Wasser auf 119° C kochen. Bei etwa 90° C 170 g Cointreau und 20 g erwärmtes Wasser der Zuckerlösung auf dreimal intensiv unterschwenken. Mit Hilfe eines Gießtrichters in die in Puder gedrückten runden Formen von etwa 1 cm Durchmesser gießen und mit Puder übersieben. Die Körper nach etwa 8 Stunden auspudern.
Nugat: 500 g Mandelnugat, 100 g Butter, 50 g flüssige Kakaobutter schaumig rühren.

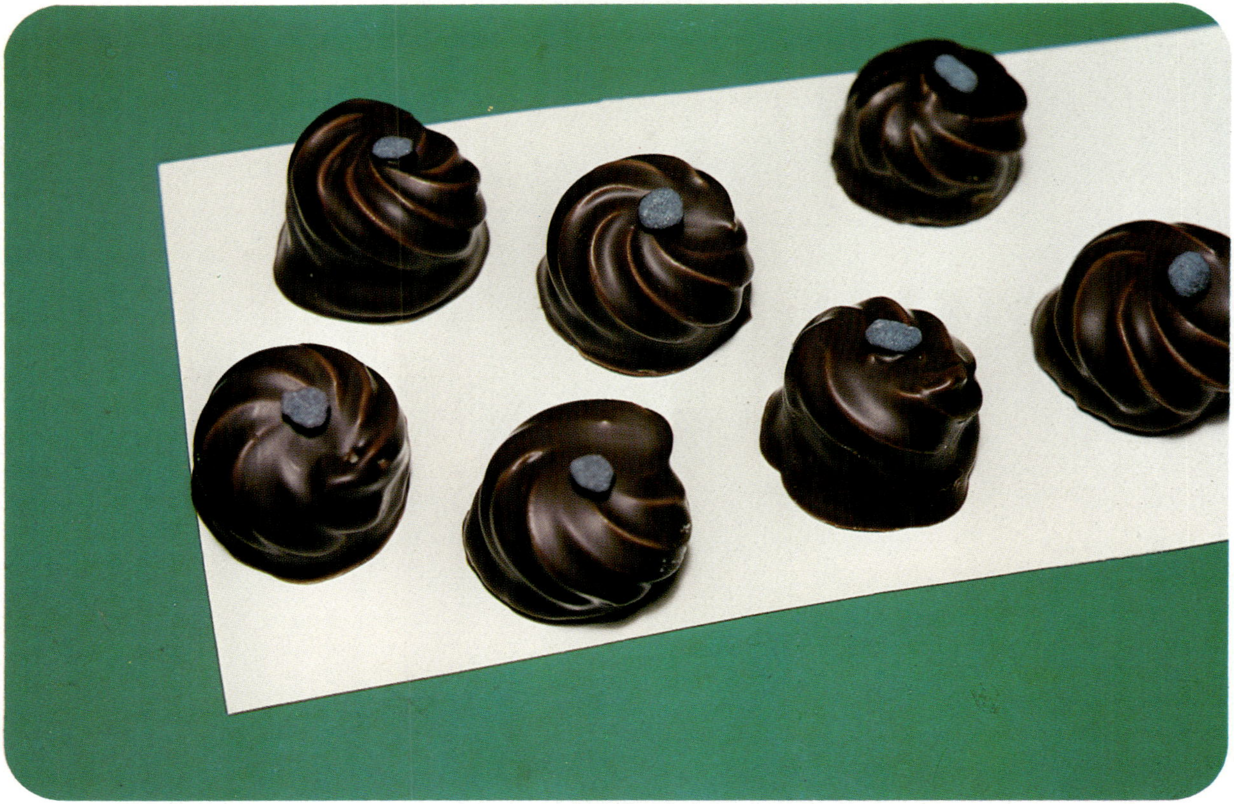

61. Weincanache

Formen mit Milchkuvertüre ausgießen, in jeden Körper 2 Sultaninen geben, Weincanache bis 2 mm unter den Rand einfüllen, dann mit gleicher, aber verdünnter Kuvertüre verschließen und mit 60/40-Kuvertüre ausgarnieren. Die Sultaninen müssen ungefähr 3 Tage in 55%igem Rum gelegen haben, ehe sie verarbeitet werden können.

Canache: 250 g Rotwein, 100 g Tarragona, 50 g Glykose, Zimt bis auf etwa 90°C erhitzen, dann 300 g Milchkuvertüre, 200 g 60/40-Kuvertüre sowie 40 g Weinbrand zugeben und die Masse bei etwa 24° Bé in die Körper füllen.

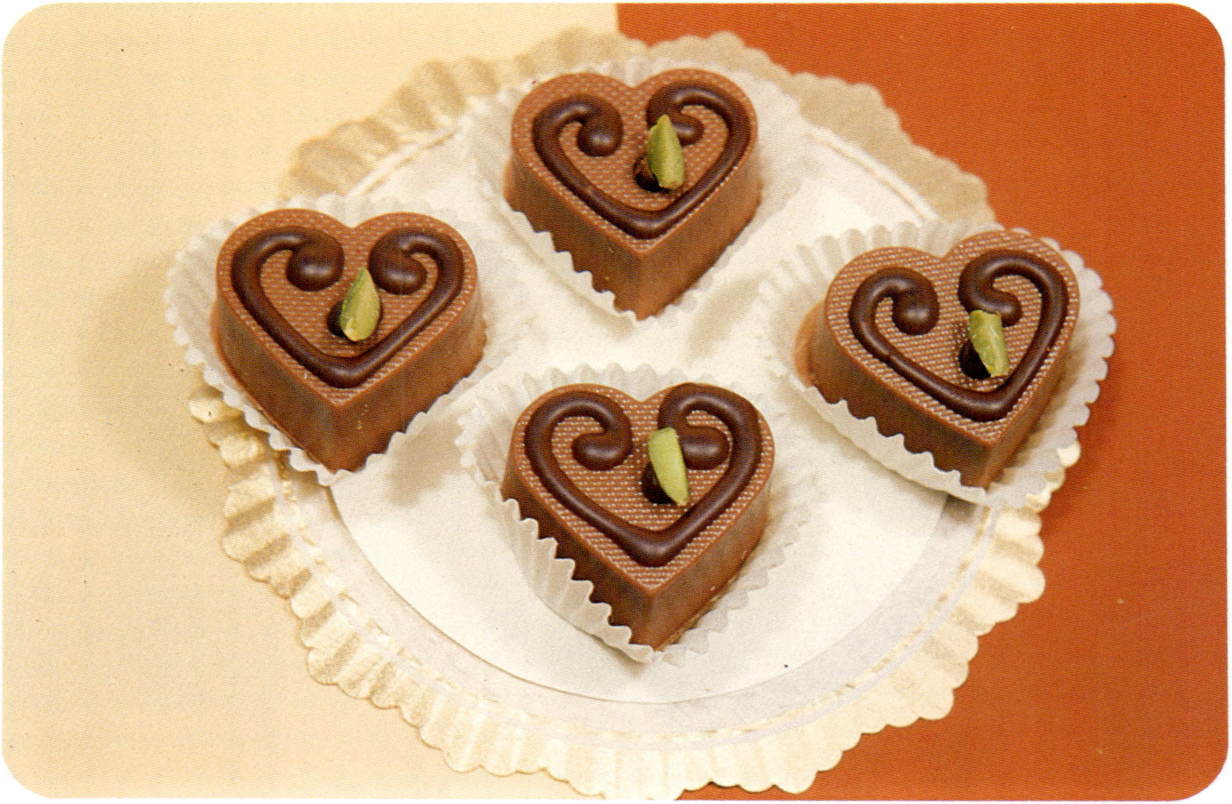

62. Ingwermarzipan

Unter 500 g Marzipanrohmasse 40 g Glykose, 200 g Staubzucker, 100 g feingehackten Ingwer und 30 g Weinbrand wirken. Die Masse etwa 1 cm stark ausrollen, die Bodenseite mit Kuvertüre bestreichen und in Rechtecke von 1,5 × 3 cm Größe schneiden.

Überzug: Milchkuvertüre. Die Oberfläche entsprechend garnieren.

63. Maraschinolikör

500 g Zucker, 200 g Wasser auf 119°C kochen. Die Zuckerlösung auf etwa 90°C abkühlen, dann 180 g Maraschinodestillat (55 Vol.-%) und 20 g Wasser auf 50°C erwärmen und intensiv auf dreimal unterschwenken. Die Likörlösung sofort mittels Gießtrichters in die in Puder gedrückte Form geben und die Oberfläche mit Puder übersieben. Die Körper werden nach etwa 12 Stunden ausgepudert, mit Milchkuvertüre überzogen und mit je einer halben Pistazie geschmückt.

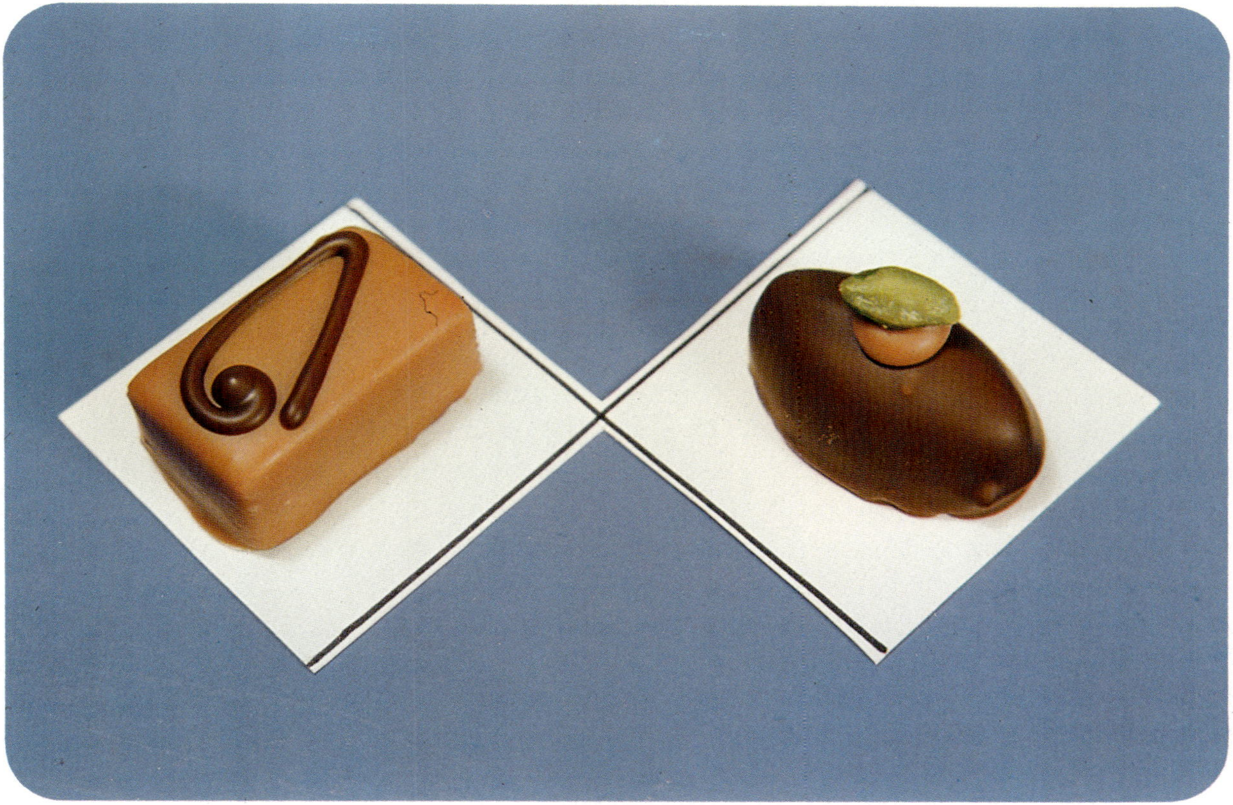

64. Krokantnugat

250 g Zucker schmelzen und dann 250 g geröstete und grobgemahlene Haselnüsse unterspateln. Die Masse sofort auf eine geölte Marmorplatte gießen und ausrollen. Den Krokant etwa 4- bis 5mal durch das Walzwerk laufen lassen, bis noch eine geringe Körnung vorhanden ist. Nun diesen Krokantgrieß unter 400 g Nußnugat, welchem etwa 50 g Kakaobutter zugesetzt wurden, geben. Diese Pralinenmasse etwa 0,8 cm dick ausrollen, nach dem Festwerden in Rechtecke von 1,5 auf 3 cm schneiden und mit Milchkuvertüre überziehen.
Dekor: 60/40-Kuvertüre.

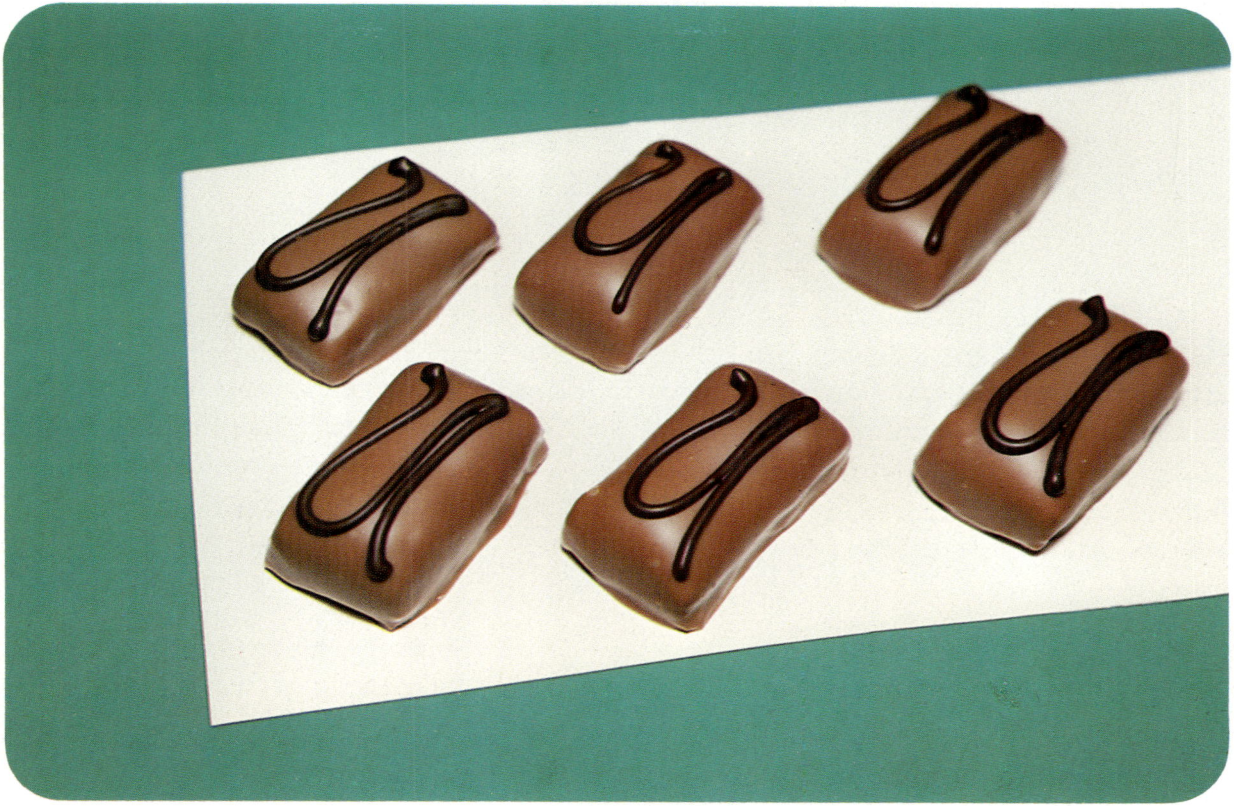

65. Grand Marnier

Auf Milchkuvertüreplättchen von etwa 2 cm Durchmesser wird Canache kuppelförmig dressiert und mit Milchkuvertüre überzogen. Die Garnierung erfolgt mit 60/40-Kuvertüre.

Canache: 500 g Rahm, 70 g Glykose kochen, 800 g Milchkuvertüre einrühren und 130 g Grand Marnier beigeben. Der erkalteten Masse 200 g Nugat und 150 g Butter beifügen und wenig schaumig rühren.

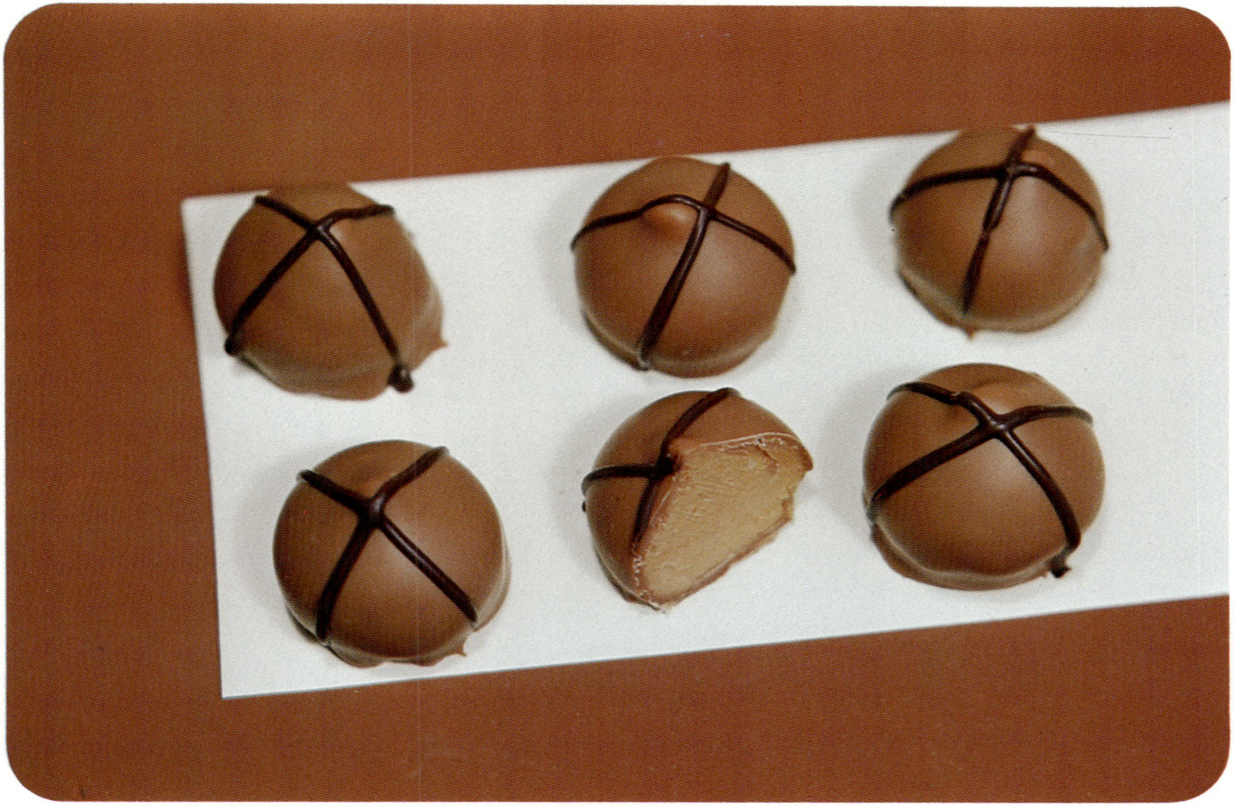

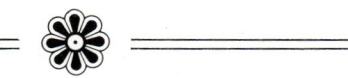

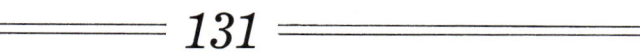

66. Noisette

Auf etwa 1,2 cm breite und etwa 2 mm starke Marzipanstreifen wird in die Mitte ein Streifen von gut durchgekochtem Johannisbeergelee gespritzt. Hat das Gelee angezogen, wird Nugatcanache darübergedressiert. Nach dem Absteifen der Masse werden diese Stangen in ungefähr 3 cm lange Stücke geschnitten, mit Milchkuvertüre überzogen und dann ausgarniert.

Marzipan: 500 g Marzipanrohmasse, 40 g Glykose, 200 g Staubzucker, Vanille.

Canache: 500 g Rahm, 70 g Glykose kochen, 400 g Milchkuvertüre und 400 g 60/40-Kuvertüre beigeben. Der erkalteten Masse 400 g Nußnugat, 200 g Butter zufügen und wenig schaumig rühren.

67. Mokka, hell

Auf 60/40-Kuvertüreplättchen von etwa 2,5 cm Durchmesser wird Canache aufdressiert, ein halbes Milchkuvertüreplättchen eingesteckt, mit 60/40-Kuvertüre überzogen und sofort mit weißer Dekormasse dekoriert.

Canache: 500 g Rahm, 70 Glykose, 5 Teelöffel Pulverkaffee kochen, dann 400 g Milchkuvertüre sowie 600 g weiße Dekormasse dazugeben. Der erkalteten Masse 250 g Butter beifügen und wenig schaumig rühren.

133

68. Himbeercanache

Auf etwa 1,2 cm breite und etwa 2 mm starke Marzipanstreifen wird Canache mittels einer Lochtülle aufdressiert, dann mit 60/40-Kuvertüre überzogen und ausgarniert.
Canache: 500 g Rahm, 70 g Glykose kochen, 900 g 60/40-Kuvertüre sowie 150 g Himbeergeist beifügen und die erkaltete Masse wenig schaumig rühren.
Marzipan: Unter 500 g Marzipanrohmasse 30 g Glykose und 200 g Staubzucker wirken.

69. Aprikot

Auf 60/40-Kuvertüreplättchen von etwa 2,5 cm Durchmesser wird ein Tupfen Aprikosenmarmelade gegeben, Canache darüberdressiert, mit Milchkuvertüre überzogen und mit einer Spirale aus dunkler Kuvertüre geschmückt.
Canache: 500 Rahm, 70 g Glykose kochen, dann 500 g Milchkuvertüre, 500 g 60/40-Kuvertüre sowie 130 g Aprikosendestillat (55 Vol.-%) beifügen. Der erkalteten Masse 200 g Butter beigeben und wenig schaumig rühren.

135

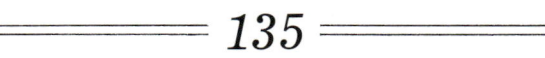

70. Nußkrem

Der Oberflächendekor aus Milchkuvertüre wird zuerst in die Form gespritzt. Im Anschluß mit 60/40-Kuvertüre ausgießen. Etwas Johannisbeergelee einspritzen, dann bis etwa 2 mm unter den Rand Nußkrem einfüllen und die Körper mit dunkler Kuvertüre verschließen.

Krem: Unter 500 g Fondant 100 g Marzipanrohmasse, 150 g dunklen Nußnugat, 50 g Rum geben und glattarbeiten. Auf 25° C erwärmen, mit dem Gießtrichter portionieren. Die Masse muß dickflüssig sein, wenn erforderlich, etwas Läuterzucker 24° Bé zusetzen.

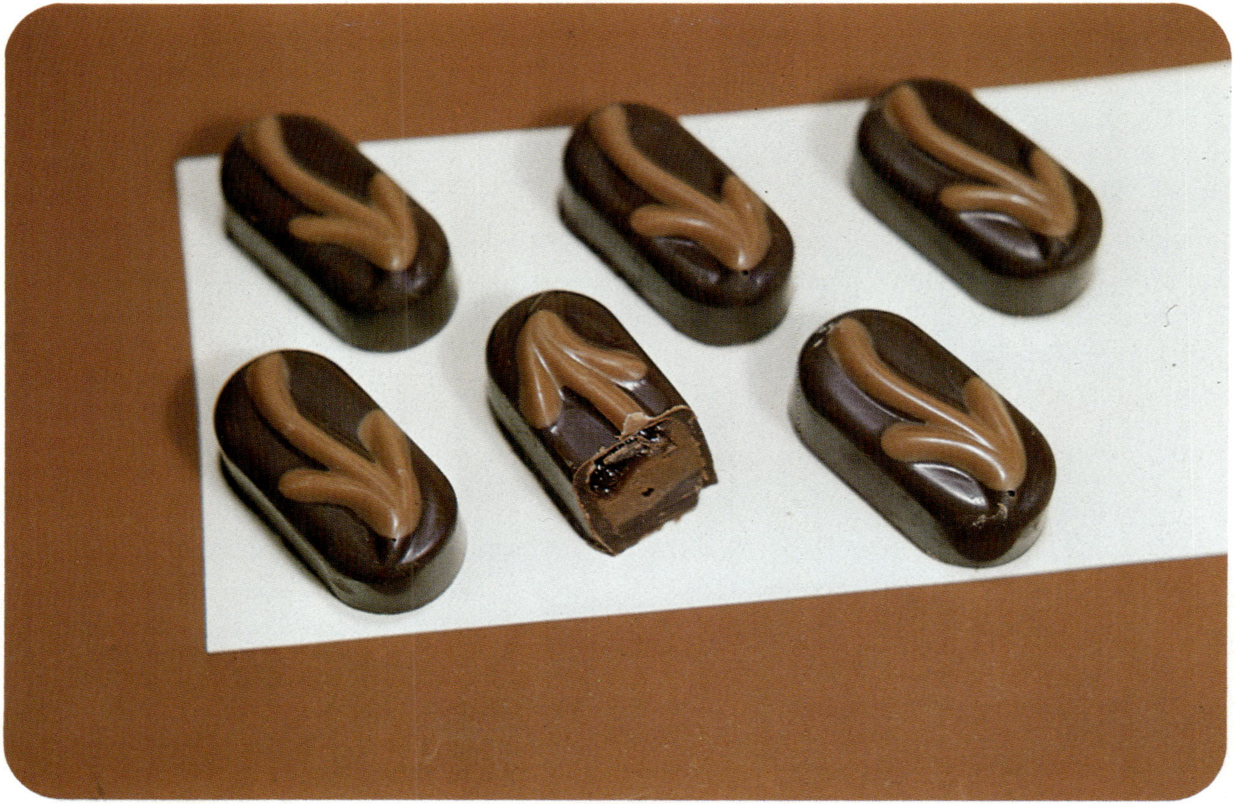

71. Kirschkrem

Eine Form mit 60/40-Kuvertüre ausgießen, in Kirschwasser marinierte, gehackte, konfierte Kirschen einlegen, Krem bis etwa 2 mm unter den Rand einfüllen, mit der gleichen Kuvertüre verschließen, mit einer Marzipanrosette schmücken.

Krem: 400 g Fondant, 300 g Marzipanrohmasse, etwa 150 g Kirschwasser (55 Vol.-%) glattarbeiten und bis auf etwa 24 bis 25°C erwärmen. Die Masse sollte fließen, wenn notwendig, noch etwas Läuterzucker beifügen.

72. Curaçaokrem

400 g Rahm, 70 g Glykose zum Kochen bringen, 200 g Milchkuvertüre, 500 g 60/40-Kuvertüre, 140 g Curaçaodestillat (55 Vol.-%) beigeben, auf etwa 25°C temperieren und damit die in Formen gegossenen Hohlkörper aus 60/40-Kuvertüre füllen. Zum Schluß die Oberfläche mit Milchkuvertüre und Orangeat schmücken.

139

73. Früchtekrokant

160 g Zucker schmelzen, 60 g Butter, 60 g Bienenhonig, 50 g Marzipanrohmasse, Vanille, Zitrone der Reihe nach beigeben. Dann 150 g verschiedene Belegfrüchte, 30 g Orangeat, 75 g Haselnüsse, alles gehackt, sowie 50 g gehobelte und 50 g gestiftelte Mandeln vermischt unterspateln. Die Masse sofort auf eine geölte Marmorplatte geben, etwa 1 cm dick ausrollen und gut auskühlen lassen. Dann die Bodenseite dünn mit Kuvertüre bestreichen, in Stücke von etwa 1,2 × 3 cm Größe schneiden und bis zum Oberflächenrand in 60/40-Kuvertüre tunken.

141

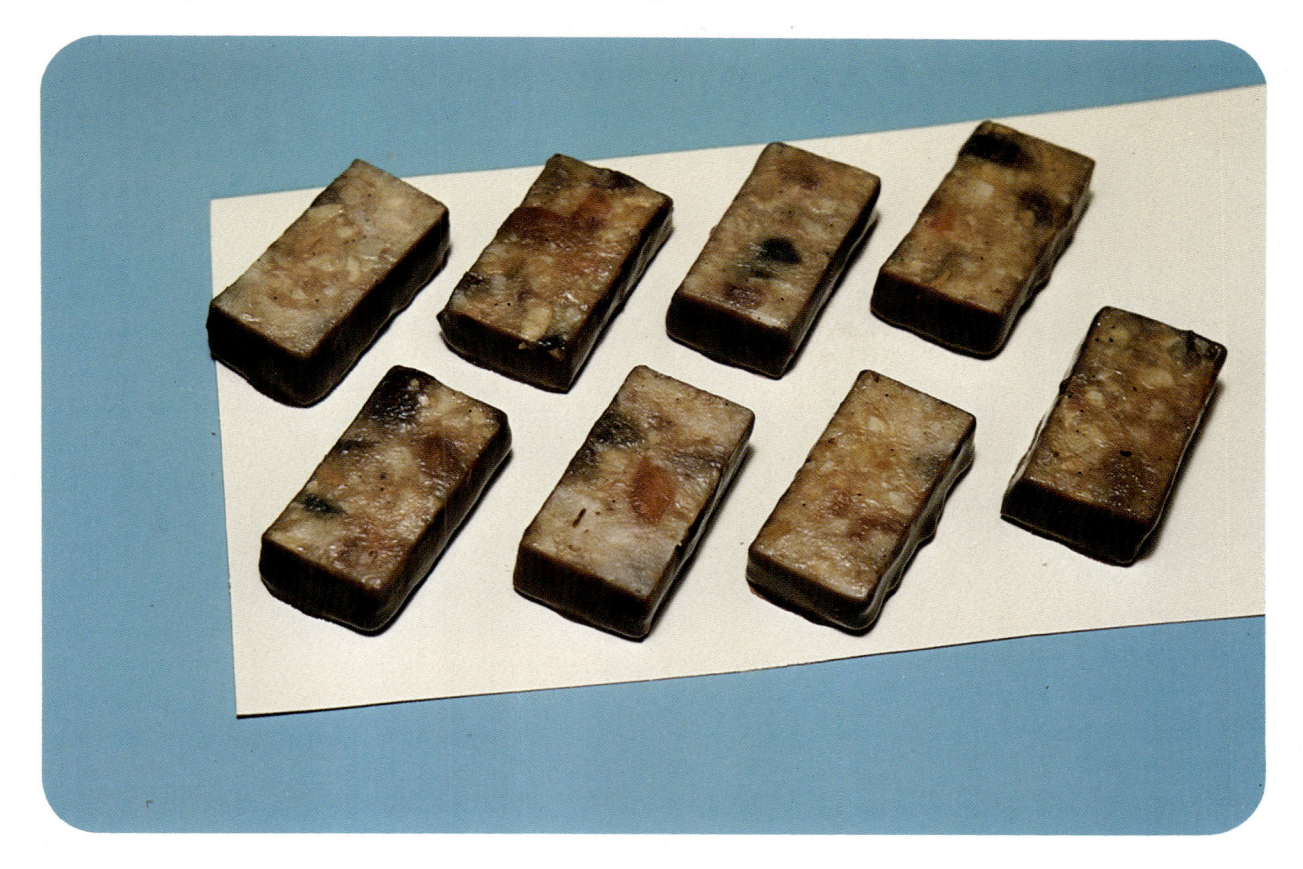

74. Blätterkrokant

250 g Zucker schmelzen, dann 20 g Glykose, 40 g Butter und 50 g Nugat beigeben. Die Masse sofort auf eine erwärmte, geölte Metallplatte geben, 150 g Nugat, in Scheiben geschnitten, darauflegen und sofort mit einer Metallspachtel die Zuckermasse über den Nugat schlagen, bis eine bindige Schichtung erreicht ist. Mit Hilfe von Bonbonwalzen wird die Masse dann in Körper von 1,3 × 3 cm Größe geschnitten, mit 60/40-Kuvertüre überzogen und ausgarniert.

143

75. Kirschkrokant

Auf Milchkuvertüreplättchen von etwa 2 cm Durchmesser wird ein Tupfen Kirschmarmelade gespritzt, darüber dann Kirschwassercanache dressiert und mit 3 Krokantquadraten umgeben.
Überzug: Milchkuvertüre.
Krokant: 250 g Zucker schmelzen, dann 30 g Glykose, 40 g Butter beigeben sowie 500 g gehobelte, leicht geröstete Mandeln unterspateln. Den Krokant sofort auf eine geölte Marmorplatte geben, etwa 2 mm stark ausrollen und mit einer Bonbonwalze etwa 1,8 cm große Quadrate schneiden.
Canache: 500 g Rahm, 70 g Glykose kochen, dann 200 g Milchkuvertüre, 700 g 60/40-Kuvertüre sowie 150 g Kirschwasser beifügen. Nach dem Erkalten wenig schaumig rühren.

76. Weinbrandbohnen mit Kruste

500 g Zucker, 200 g Wasser auf 118°C kochen und bis auf etwa 90°C abkühlen lassen. Dann werden 180 g Weinbrand, auf etwa 50°C erwärmt, auf dreimal unter die Zuckerlösung intensiv untergeschwenkt. Die Masse wird nun sofort in die mit Gipsstempeln eingedrückte Puderform mittels Gießtrichter gefüllt und die Oberfläche mit Puder übersiebt. Die Krustenbildung erfolgt in etwa 12 Stunden, dann werden die Körper ausgepudert. Überzug mit 60/40-Kuvertüre und garnieren.

145

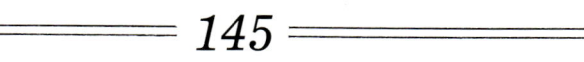

77. Gefüllte Kirschen

Kleine Sauerkirschen waschen, entstielen, entkernen und in 45%iges Kirschwasser etwa 3 Tage einlegen. Dann läßt man die Kirschen gut abtropfen und füllt sie mit spritzfähigem Marzipan. Die Kirschen nun in heißen Fondant (etwa 65°C) tunken und auf mit Staubzucker besiebter Folie absetzen. Ehe der Überzug mit Milchkuvertüre erfolgt, wird die Bodenseite der Kirsche auf einen flüssigen Kuvertürepunkt gesetzt.

Marzipanfüllung: 500 g Marzipanrohmasse, 100 g Kirschwasser (45 Vol.-%), 100 g Läuterzucker von etwa 24° Bé.

78. Mandelrahm

400 g Zucker mit 300 g Rahm und 40 g Glykose auf 113°C kochen. Die Masse über 150 g Fondant auf einer Marmorplatte zur Abkühlung bringen, im Anschluß daran tablieren und 120 g geröstete, gemahlene Mandeln unterarbeiten. Nun die Masse etwa 1 cm dick ausrollen, in Quadrate von 2,2 × 2,2 cm Größe schneiden und mit 60/40-Kuvertüre überziehen.

Dekor: Halbe, braune Mandel, Milchkuvertüregarnierung.

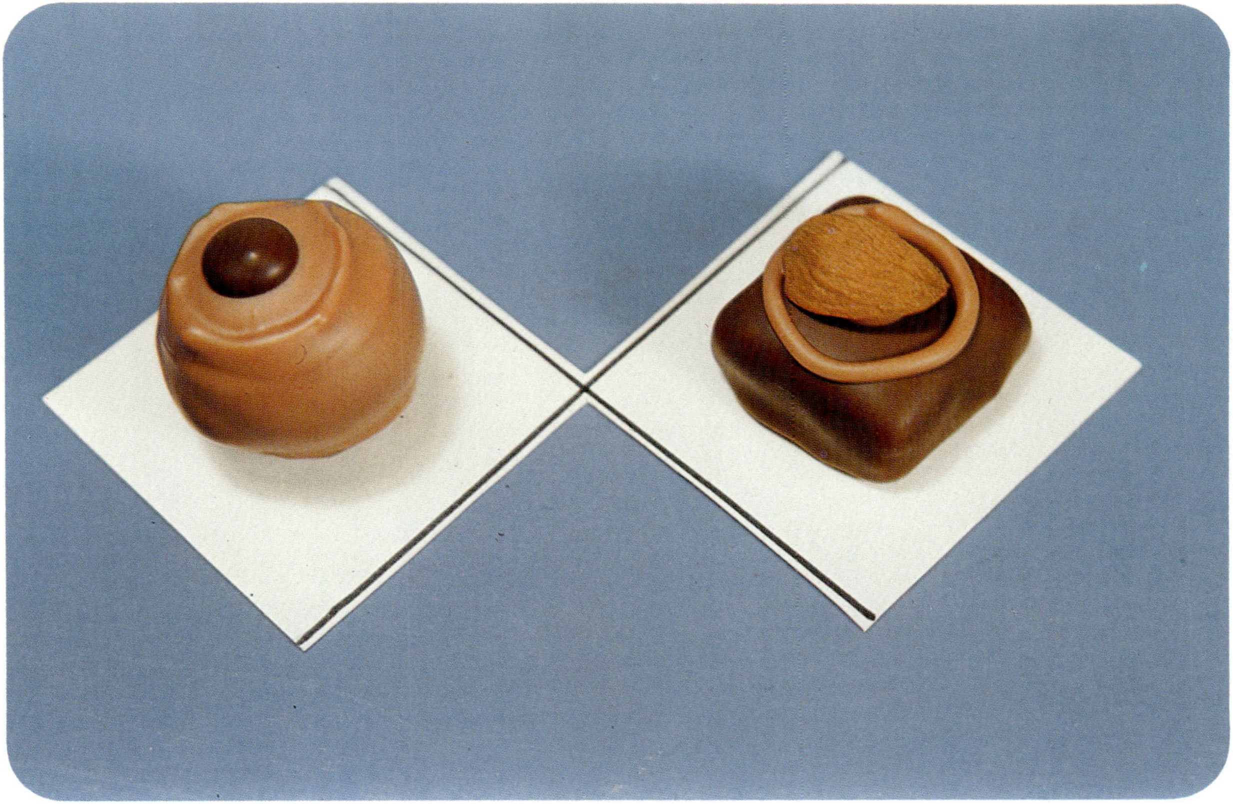

79. Kirschnugat

Auf 60/40-Kuvertüreplättchen wird eine halbe Chelliskirsche gegeben und darüber Nugatkrem dressiert. Überzogen wird der Körper mit Milchkuvertüre und mit Haselnußscheibchen geschmückt.

Dekor: Gehobelte, geröstete Nuß und Kuvertürelinien.

Nugat: 500 g heller Nußnugat, 250 g Butter, 50 g flüssige Kakaobutter schaumig rühren.

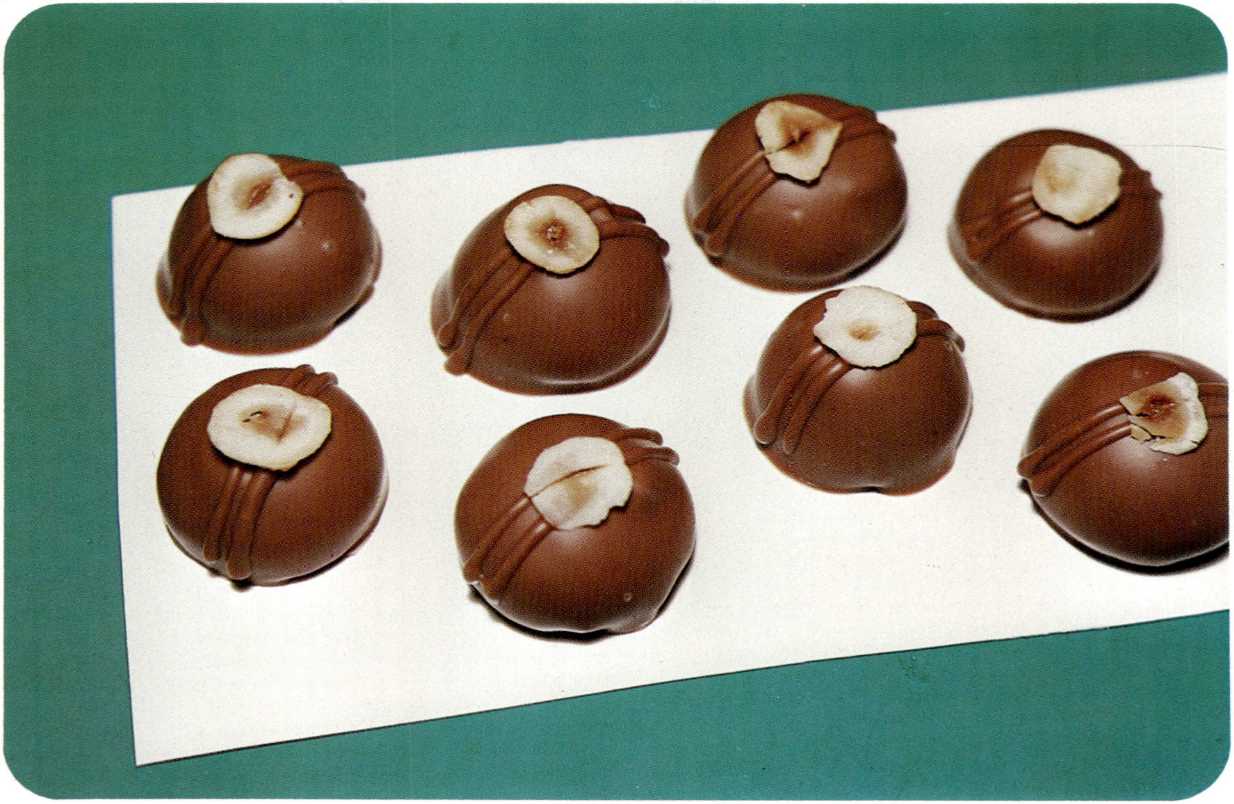

80. Rummarzipan-Nugat

Unter 500 g Marzipanrohmasse werden 30 g Glykose, 200 g Staubzucker und 50 g Rum gewirkt. Die Masse etwa 0,5 cm stark ausrollen, die Bodenseite mit Kuvertüre bestreichen und in Quadrate von 2,5 × 2,5 cm Größe schneiden. Dann eine Halbkugel aus Nußnugat aufdressieren, mit Milchkuvertüre überziehen und garnieren.
Nußnugat: 500 g Nugat, 40 g Kakaobutter, 200 g Butter schaumig rühren.

81. Kirschmarzipan

Auf 60/40-Kuvertüreplättchen von etwa 2 cm Durchmesser wird ein Tupfen Johannisbeergelee gegeben, darüber dressiert man dann Kirschwassermarzipan. Der Überzug mit 60/40-Kuvertüre erfolgt erst, wenn die Oberfläche etwas abgetrocknet ist.

Dekor: Spirale aus Milchkuvertüre.

Krem: Unter 500 g Marzipanrohmasse 125 g 45%iges Kirschwasser und 125 g Läuterzucker von etwa 24° Bé gut unterarbeiten.

151

82. Ananastrüffel

In aus weißer Dekormasse gegossene Kugeln etwas feingehackte Ananaskonfitüre geben, mit Rum-Canache füllen und mit einem großen Kuvertürepunkt verschließen. Die Körper auf aus Nugatmasse gespritzte Sterne setzen und mit Milchkuvertüre schmücken.

Canache: 500 g Rahm mit 70 g Glykose kochen, dann 700 g 70/30-Kuvertüre, 50 g Rum (55 Vol.-%) sowie 60 g Arrak (50 Vol.-%) beigeben und auf 24 bis 25°C temperiert verarbeiten.

Nugat: 500 g Haselnußnugat, 60 g flüssige Kakaobutter vermischen.

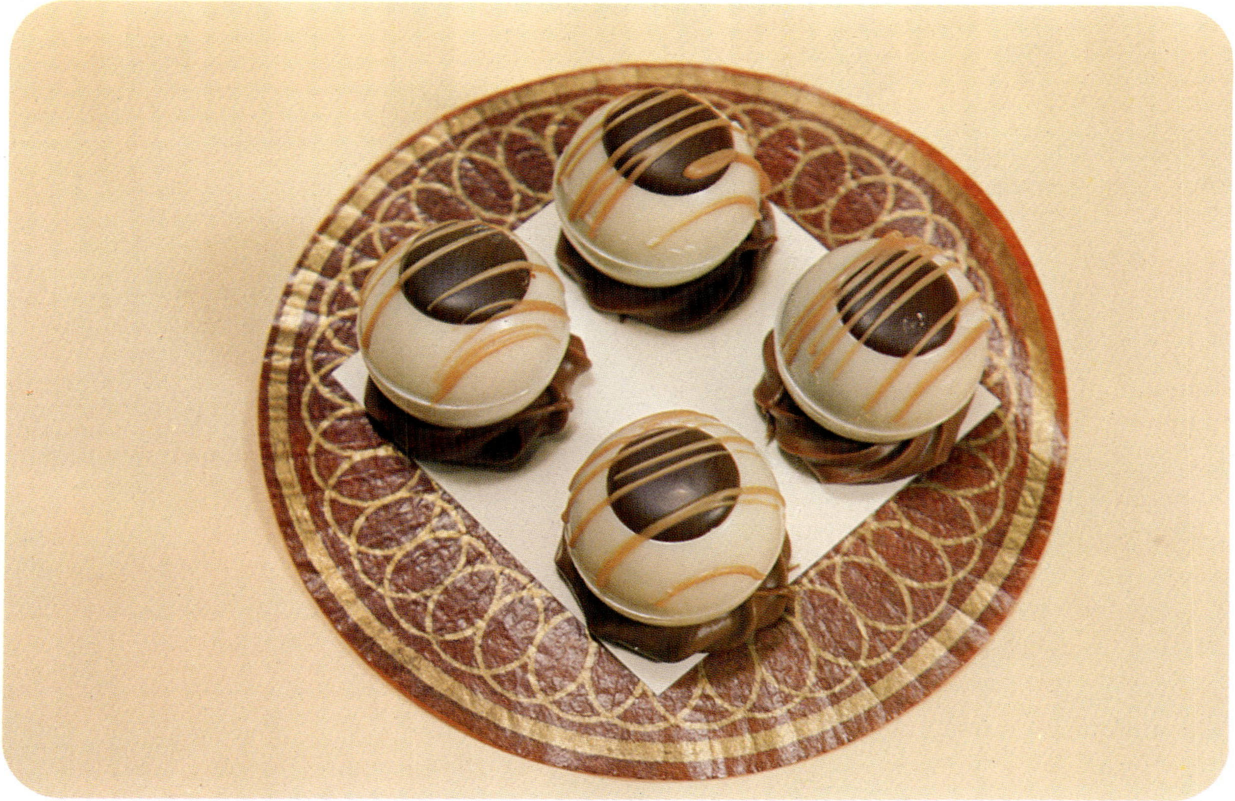

83. Mokkacanache

500 g Rahm, 70 g Glykose, 50 g feingemahlenen Kaffee, 1 Teelöffel Pulverkaffee kochen, dann 500 g Milchkuvertüre sowie 500 g 60/40-Kuvertüre beigeben. Die Masse in 1 cm hohe Schienen gießen. Nach gründlichem Absteifen die Bodenseite mit Milchkuvertüre bestreichen und halbmondförmig ausstechen.
Überzug: Milchkuvertüre.
Dekor: Mokkabohne und Garnierung.

84. Marzipan und Himbeer

Unter 500 g Marzipanrohmasse 30 g Glykose, 200 g Staubzucker, Vanille wirken. Die Masse etwa 0,5 cm dick ausrollen, in 2 gleich große Stücke teilen und mit Himbeermarmelade etwa 0,3 cm dick füllen. Nach dem Auskühlen und genügender Stabilisierung der Füllung die Bodenseite mit Kuvertüre bestreichen. Dann Körper von etwa 2 cm im Durchmesser ausstechen.
Überzug: 60/40-Kuvertüre, dazu ornamentaler Schmuck.
Himbeerfüllung: 500 g Himbeermarmelade, 80 g Zucker gut durchkochen, 4 Blatt eingeweichte und gut ausgedrückte Gelatine dazugeben, mit Weinsteinsäure abschmecken.

155

85. Grellierte Nüsse

Auf Kuvertüreplättchen aus 60/40-Kuvertüre werden ein Tupfen Nugat gespritzt und darauf 3 Nüsse gruppiert, dann mit 60/40-Kuvertüre überzogen und ausgarniert.

Gebrannte Nüsse: 120 g Zucker, 60 g Wasser auf 105°C kochen, dann 300 g geröstete, geschälte Haselnüsse beigeben und weiter unter Hitzeeinwirkung und ständigem Rühren den Zucker zum Kristallisieren bringen. Dann wird der Zucker bei geringer Hitzezufuhr angeschmolzen. Die grellierten Nüsse sofort auf geölte Marmorplatte geben und zur Dreiergruppe teilen.

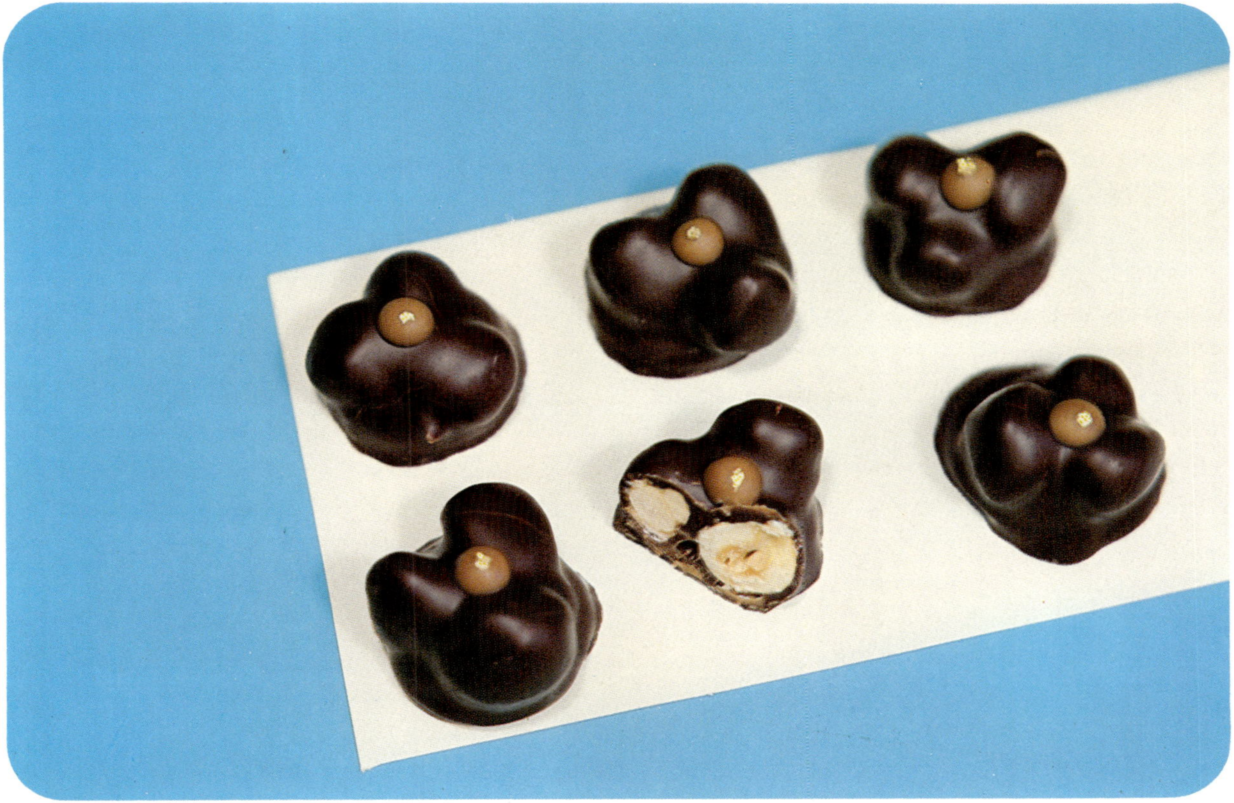

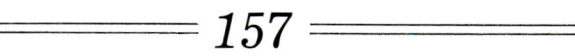

86. Honigmandeln

250 g Rahm, 250 g Bienenhonig, 75 g Zukker, 30 g Glykose auf 116°C kochen, dann 300 g gehobelte, geröstete Mandeln dazugeben. Die Masse etwa 1 cm dick in Schienen ausrollen, oval ausstechen, einen Tupfen gekochte Aprikosenmarmelade auf die Oberfläche geben und mit 60/40-Kuvertüre überziehen.
Dekor: Halbe, braune, geröstete Mandel und Schmuck aus Milchkuvertüre.

87. Rumcanache

Auf Marzipanplättchen von etwa 2,5 cm Durchmesser wird ein Tupfen gekochtes Johannisbeergelee gegeben. Darüber wird mit der Sterntülle Rumcanache dressiert, ein Milchkuvertüreplättchen von 2 cm Durchmesser aufgelegt, leicht angedrückt und mit Milchkuvertüre überzogen.
Schmuck: Kuvertürepunkte und Blattgold.
Canache: 500 g Rahm, 70 g Glykose kochen, 350 g Milchkuvertüre, 600 g 60/40-Kuvertüre einrühren und 130 g 55%igen Rum beigeben. Der abgekühlten Masse 150 g Butter beifügen und wenig schaumig rühren.

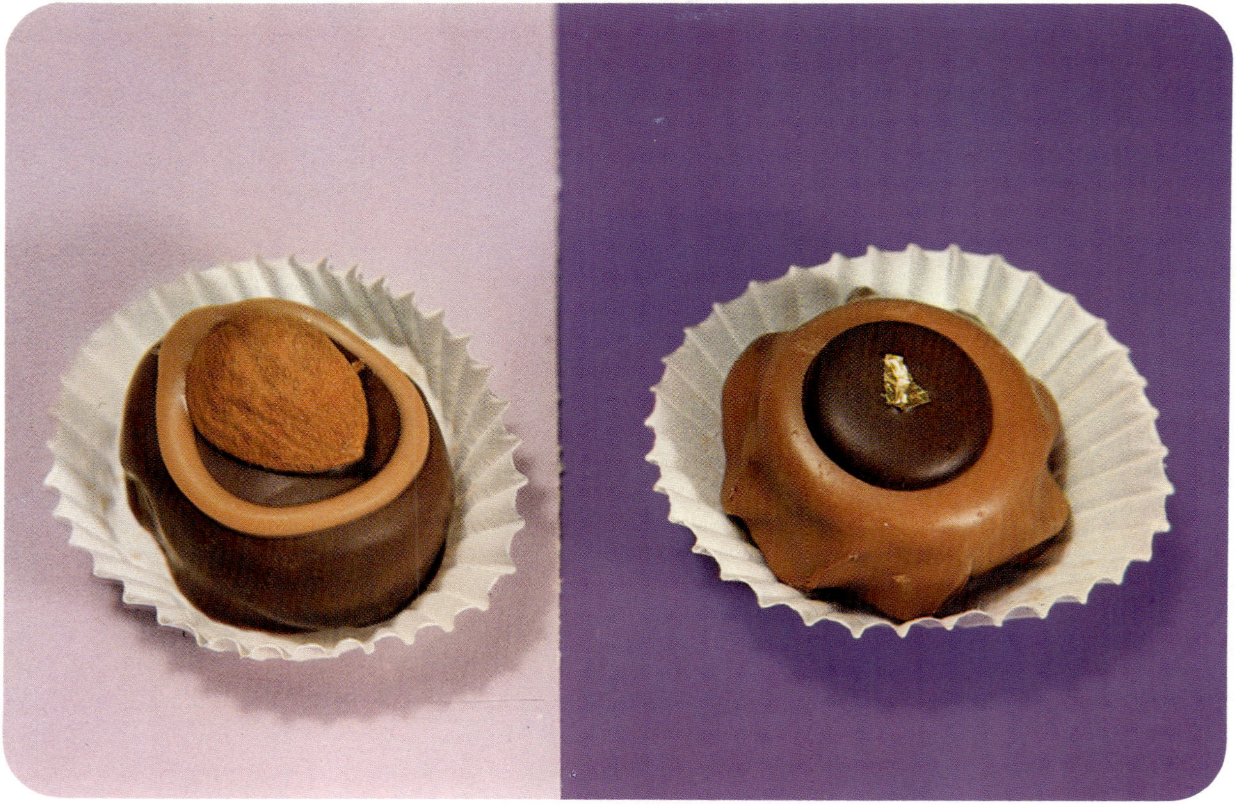

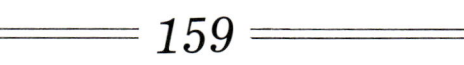

88. Mandelnugatkrokant

Mit Milch- oder 60/40-Kuvertüre werden in Formen Halbschalen ausgegossen. Diese werden mit Mandel- oder Nußnugat gefüllt, 2 Stück zusammengefügt und, nachdem die Massen angezogen haben, ausgeformt.

Nugatmasse: 500 g Mandelnugat, 40 g flüssige Kakaobutter auf etwa 25°C temperieren, dann etwa 150 g feingemahlenen Krokant beigeben. Die gleiche Materialzusammensetzung kann für Nußnugat angewandt werden.

161

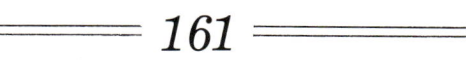

89. Erdbeergelee

12 g pulverisiertes Agar-Agar in 1000 g Wasser kalt ansetzen, dann zum Kochen bringen, abschäumen und 900 g Zucker, 500 g Glykose sowie 250 g Erdbeermark (ohne Zucker) beigeben und bis 106°C kochen. Das Gelee wird mit Weinsteinsäure abgeschmeckt, in ein Alukarree etwa 1 cm dick gegossen und zum Absteifen in den Kühlschrank gestellt. Dann wird eine etwa 3 mm starke Marzipanplatte aufgelegt und das Ganze gestürzt. Die Oberfläche mit Sandzucker bestreuen, Quadrate von etwa 2,2 × 2,2 cm schneiden und mit Kuvertüre schmücken.

163

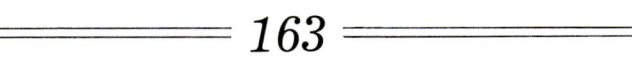

90. Aprikot-Krokant

Auf Krokantplättchen von 2,5 cm Durchmesser wird ein Tupfen Canache gegeben, dazu eine Aprikot-Likörperle und darüber mit der Sterntülle Canache dressiert.
Überzug: Milchkuvertüre.
Dekor: Trüffelstreusel und dunkle Kuvertüre.
Krokant: 500 g Zucker schmelzen, 30 g Glykose, 30 g Butter beigeben und 250 g gehobelte, leicht angeröstete Mandeln unterspateln. Die Masse auf einer gelösten Marmorplatte dünn ausrollen und mit einem Ausstecher oder einer Walze formen.
Canache: 200 g Butter mit 150 g Nußnugat schaumig rühren, 100 g Aprikotdestillat (50 Vol.-%) beigeben, 250 g Milchkuvertüre, 250 g 60/40-Kuvertüre von etwa 30° C unterziehen und sofort verarbeiten.

91. Walnußmarzipan

Unter 500 g Marzipanrohmasse 30 g Glykose, 150 g Staubzucker, 125 g gemahlene Walnüsse, 50 g Arrak wirken. Die Masse etwa 0,5 cm dick ausrollen, in 2 gleich große Stücke schneiden und mit gekochter Aprikosenmarmelade dünn füllen. Nach etwa 5 Stunden, wenn die Masse gut abgestanden ist, die Bodenseite mit 70/30-Kuvertüre bestreichen und Körper von etwa 2 cm im Durchmesser ausstechen.
Überzug: 70/30-Kuvertüre.
Dekor: Halbe Walnüsse.

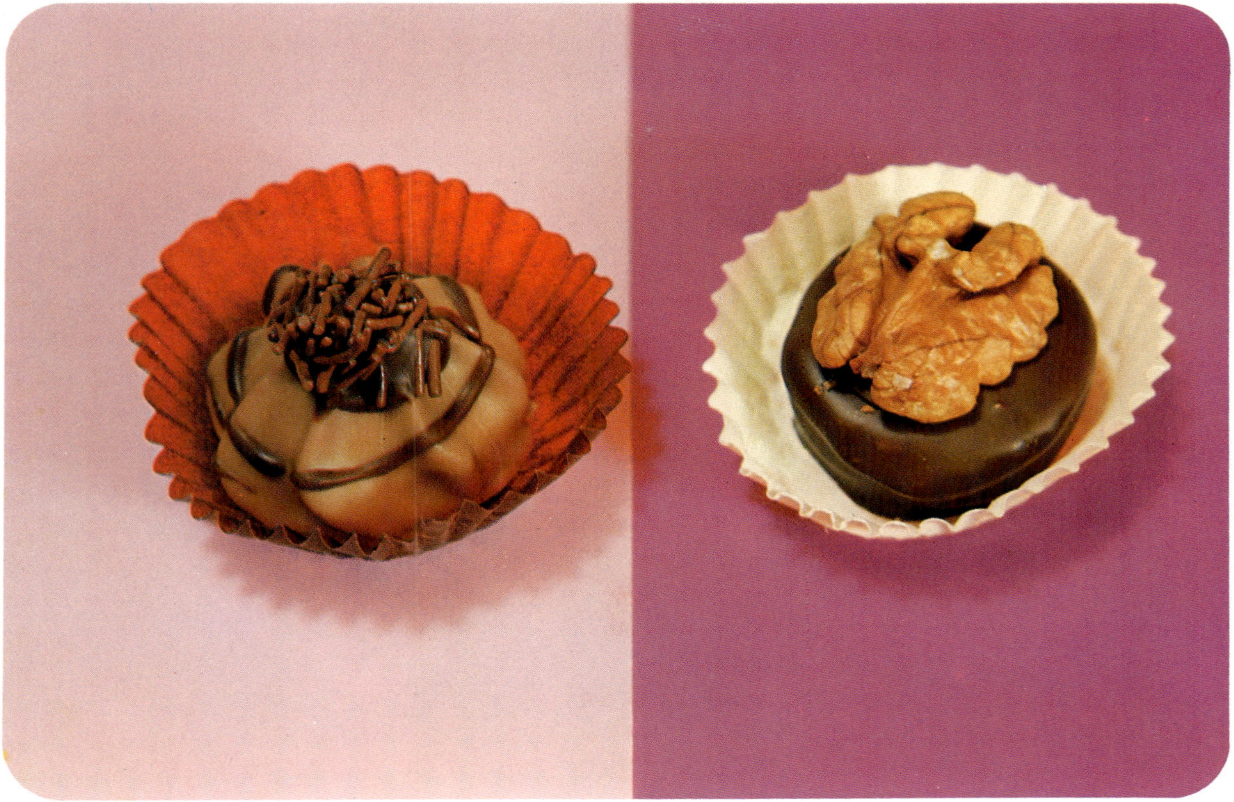

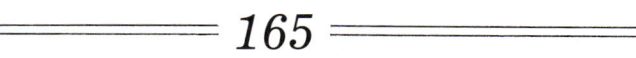

92. Karamel-Rum

Stanniolkapsel mit 60/40-Kuvertüre ausgießen, einen Tupfen Nußnugat einspritzen und Karamelkrem einfüllen. Das Abdecken mit dünnflüssiger 60/40-Kuvertüre sollte erst erfolgen, wenn sich eine Haut auf der Oberfläche gebildet hat. Als Dekor dient eine Spirale aus Milchkuvertüre.

Krem: 500 g Zucker schmelzen, 100 g Butter, 200 g erwärmten Rahm (etwa 50°C) beigeben. Nach dem Abkühlen der Masse auf etwa 80°C 70 g 55%igen Rum, der auf etwa 45°C erwärmt wurde, unterrühren.

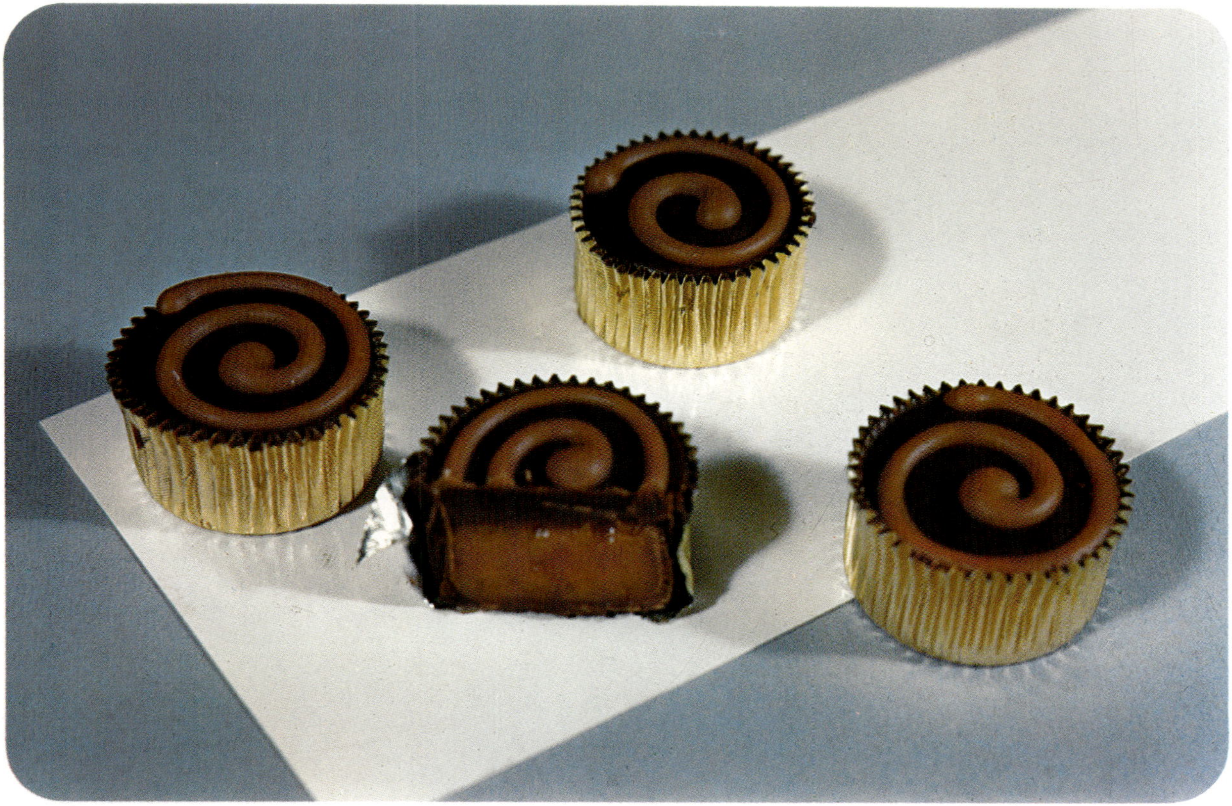

93. Weinbrandkirschen mit Stiel

Hier verwendet man Sauerkirschen wie etwa Schattenmorellen. Die Frucht soll von bester Qualität, nicht vollreif und von mittlerer Größe sein. Die Kirschen werden gewaschen, die Stiele etwas mit der Schere gekürzt, in säurefeste Behälter (Glas, Porzellan o. ä.) gegeben und mit Weinbrand, der mit Feinsprit auf etwa 60 Vol.-% (Alkoholwaage) eingestellt wurde, übergossen, so daß er etwa 0,5 cm über den Früchten steht. Gut verschlossen können die Kirschen nach etwa 14 Tagen verwendet werden. Sie werden auf ein Gitter zum Ablaufen gegeben. Wenn die Oberfläche abgetrocknet ist, die Kirschen kurz bis vor dem Stiel in Fondant von etwa 75°C tauchen, auf mit Staubzucker besiebte Folie geben und dann mit 60/40-Kuvertüre überziehen.

169

94. Cointreau-Likör

500 g Zucker, 200 g Wasser auf 120° C kochen. Diese Lösung auf etwa 90° C abkühlen lassen, dann 170 g Cointreau und 25 g Wasser, erwärmt auf etwa 45° C, auf dreimal intensiv unterschwenken. Die Likörlösung sofort in die mit Gipsstempeln in Puder gedrückten, ovalen Formen mit Hilfe des Gießtrichters füllen und die Oberfläche mit Weizenpuder übersieben. Nach etwa 12 Stunden entpudern, mit 60/40-Kuvertüre überziehen und Milchkuvertüresiegel auflegen.

95. Krokant-Nugat

500 g Zucker schmelzen, dann 30 g Glykose sowie 30 g Butter beigeben und 250 g angeröstete, gehobelte Mandeln unterspateln. Den Krokant auf geölter Marmorplatte dünn ausrollen, mit Ausstecher oder Walze zu Talern von etwa 2 cm im Durchmesser formen. Je 2 Stück mit dunklem Mandelnugat füllen, bis zur Oberfläche in 70/30-Kuvertüre tunken und mit einem Kuvertürepunkt schmücken.

Füllung: 500 g Mandelnugat, 100 g Butter, 50 g temperierte flüssige Kakaobutter wenig schaumig rühren.

171

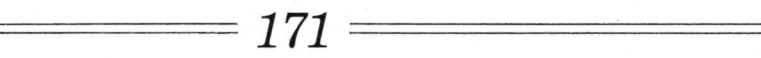

96. Früchtemarzipan-Krokant

500 g Zucker schmelzen, 30 g Glykose, 30 g Butter beigeben, dann 250 g gehobelte, angeröstete Mandeln unterspateln. Den Krokant sofort auf eine geölte, erwärmte Metallplatte geben, etwa 3 mm dünn ausrollen und mit der Bonbonwalze in etwa 1,2 cm breite Streifen schneiden. Dann Früchtemarzipan mittels einer Lochtülle aufdressieren, die Oberfläche antrocknen lassen, mit gekochtem Johannisbeergelee bestreichen und sofort gehackte, geröstete Nüsse aufstreuen. Zum Schluß die Körper mit Milchkuvertüre überziehen.

Früchtemarzipan: Unter 500 g Marzipanrohmasse 130 g Läuterzucker 24° Bé, 70 g 55%igen Rum und 60 g 55%igen Arrak geben, dann 50 g Orangeat, 50 g Nüsse und 50 g verschiedene Belegfrüchte, alles feingehackt, beifügen.

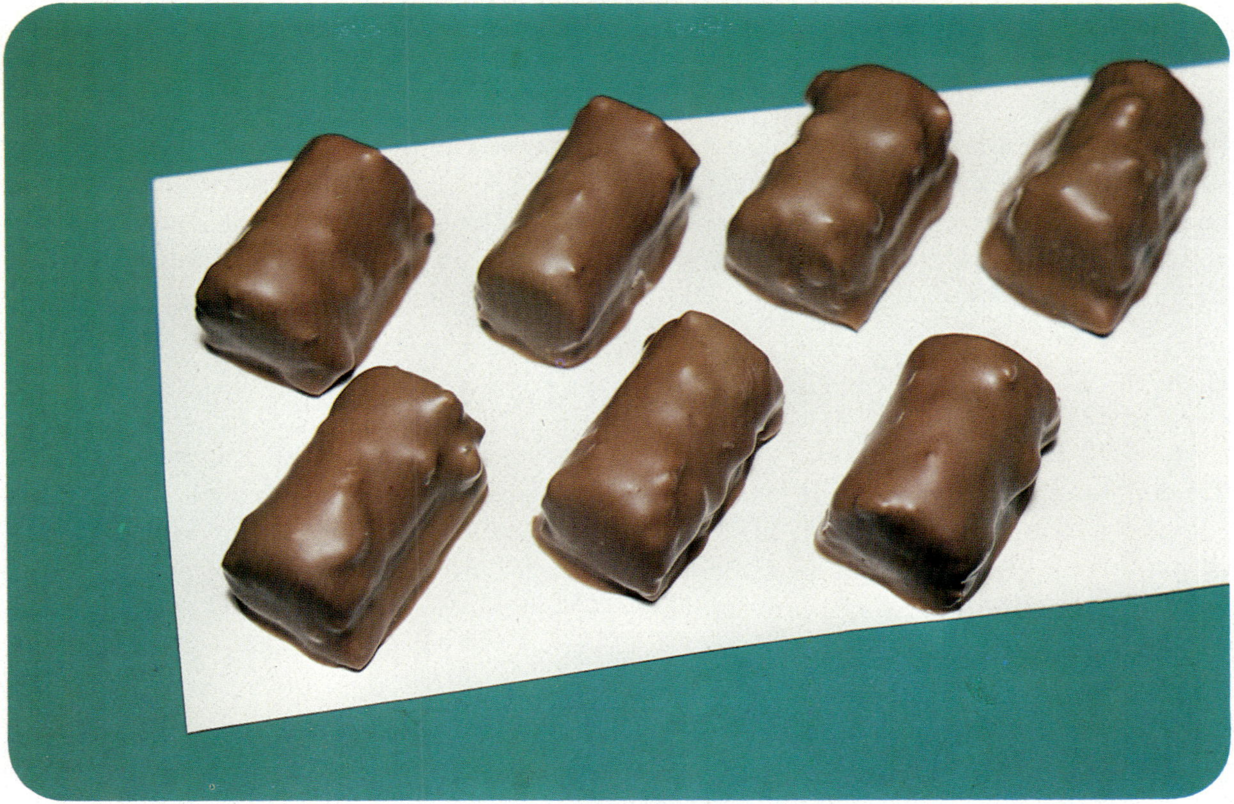

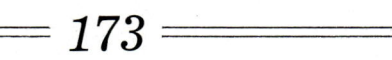

97. Orangeat-Marzipan

Unter 500 g Marzipanrohmasse 40 g Glykose, 200 g Staubzucker und 50 g Rum anwirken. Die Masse etwa 0,8 cm dick ausrollen, dann die Bodenseite mit Kuvertüre bestreichen und Rechtecke von 1,5 × 3 cm Größe schneiden. Dann auf die Oberfläche einen Tupfen Aprikosenmarmelade geben, ein schmales Stück feinstes Orangeat auflegen und mit 70/30-Kuvertüre überziehen.
Dekor: Milchkuvertüre, Blattgold.

98. Mokka-Kirsch

Auf 60/40-Kuvertüreplättchen von etwa 2,5 cm Durchmesser eine kleine Halbkugel Kirschwassermarzipan spritzen. Nachdem die Oberfläche des Marzipans angetrocknet ist, Canache darüberdressieren, mit Milchkuvertüre überziehen und mit Trüffelstreuseln schmücken.
Kirschwassermarzipan: Unter 500 g Marzipanrohmasse 125 g Läuterzucker und 125 g Kirschwasser arbeiten.
Canache: 500 Rahm, 150 g Bienenhonig, 4 Teelöffel Pulverkaffee kochen, dann 400 g Milchkuvertüre, 600 g 60/40-Kuvertüre sowie 50 g Rum beigeben. Der erkalteten Masse noch 200 g Butter beifügen und wenig schaumig rühren.

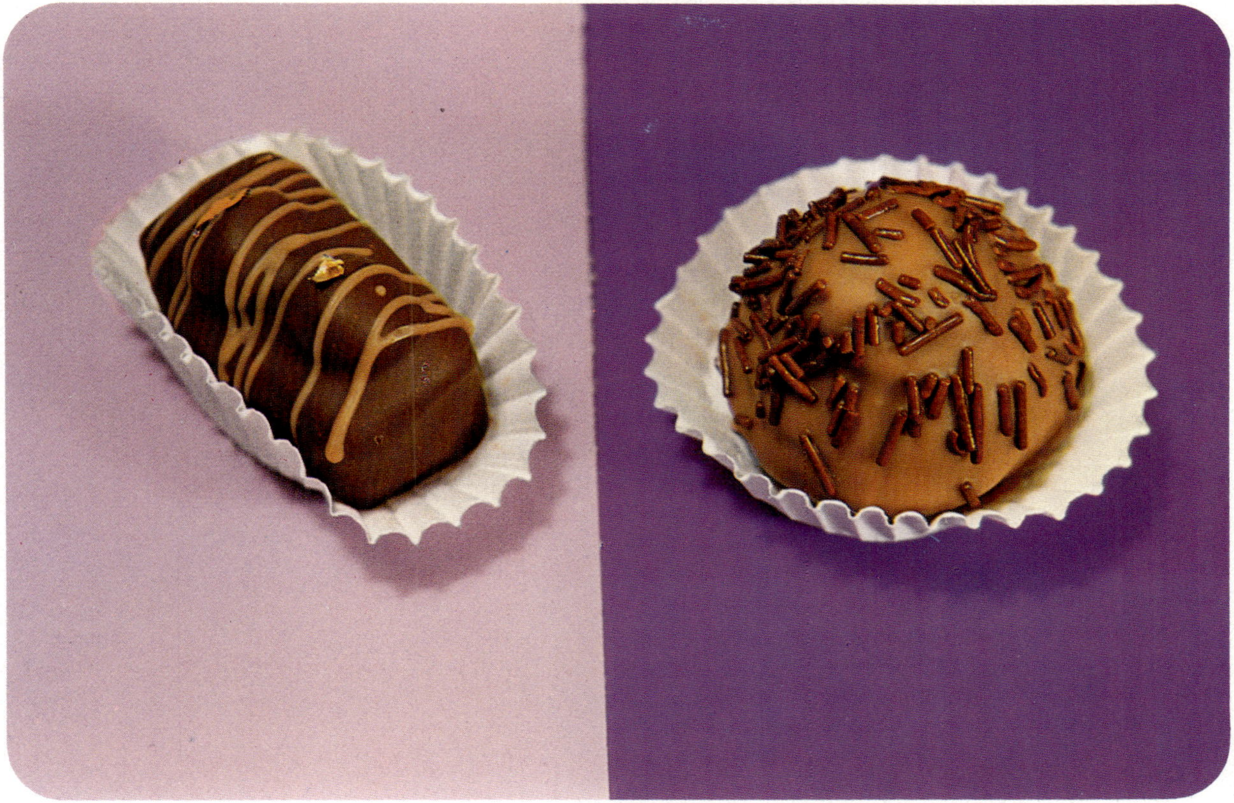

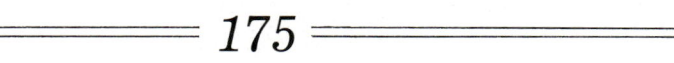

99. Schoggimandeln

Ganze, braune Mandeln bester Qualität werden geröstet und mit temperierter Kakaomasse überzogen. Anschließend einen Überzug mit 60/40-Kuvertüre vornehmen und sofort in Kakaopulver wälzen. Die Schokoladenmandeln werden abgesiebt und das nicht haftende Kakaopulver vorsichtig mit dem Handbesen entfernt. Das Überziehen der Mandeln kann auch im Kessel erfolgen (dragieren), indem etwa 2 bis 3 Lagen Kakaomasse bzw. Kuvertüre nacheinander aufgetragen werden.

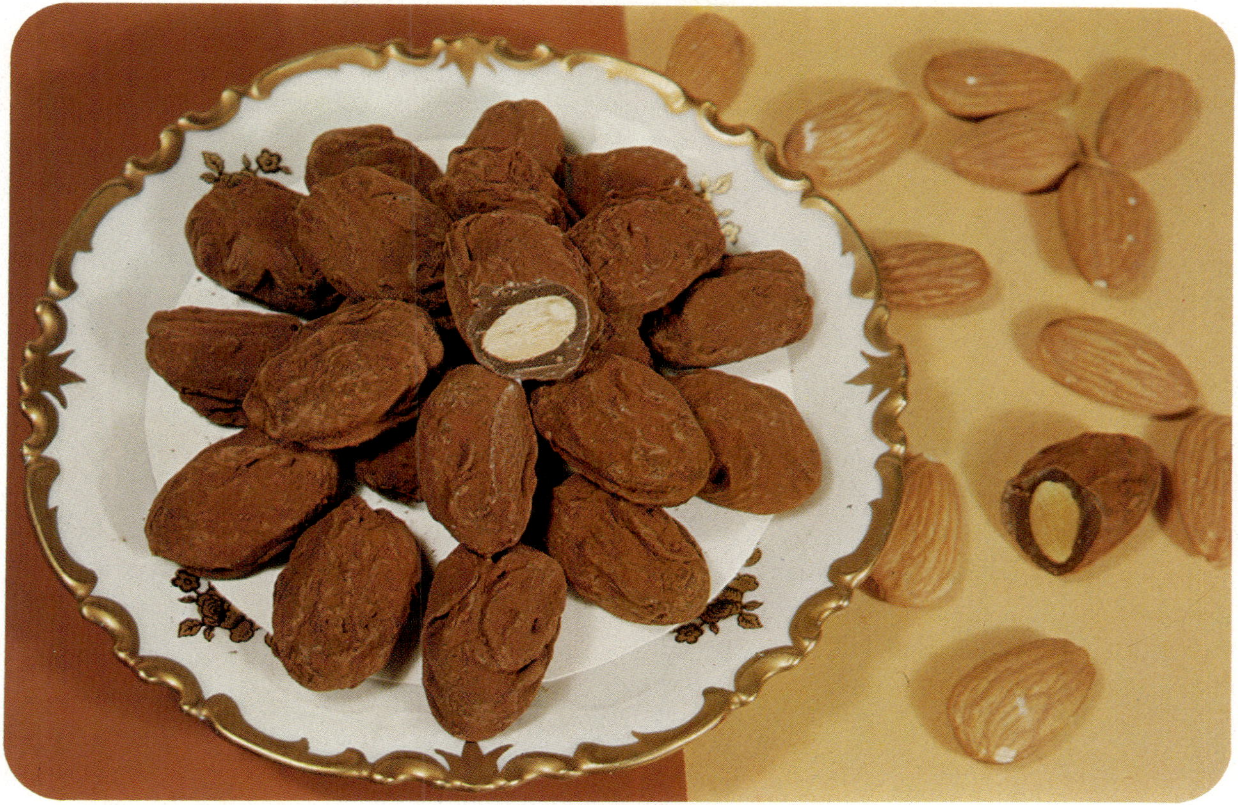

100. Ingwerecken

Die konfierten Ingwerfrüchte werden je nach Größe in etwa 8 Teile geschnitten. Weitere Verarbeitung wie unten bei den Orangeatstäbchen beschrieben.

101. Orangeatstäbchen

Orangeat bester Qualität (siehe Seite 21) wird in Streifen von etwa 0,7 × 3,5 cm Größe geschnitten, in Zucker glasiert und mit 70/30-Kuvertüre überzogen.
Glasur: 1000 g Zucker, 400 g Wasser auf 105°C kochen. Dann in diese Lösung sofort 150 g Fondant und etwas Rumdestillat rühren. Die Orangeatstäbchen sollten vor dem Überziehen leicht erwärmt werden und die Oberfläche abgetrocknet sein. Die mit Glasur überzogenen Körper dann auf ein Gitter zum Abtrocknen geben.

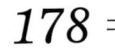

179

102. Rohkostpralinen

Die verschiedensten Früchte wie Walnüsse, Haselnüsse, Mandeln, Feigen, konfierte Kirschen, Orangeat usw. je nach Größe in Stücke schneiden. Um eine geschlossene Gruppierung der Früchte zu erzielen, ist es ratsam, eine Stanniolkapsel zu verwenden. Dazu wird ein großer Kuvertürepunkt eindressiert und die Früchte sofort eingesteckt. Hier kommt einer guten Vorbereitung große Bedeutung zu.

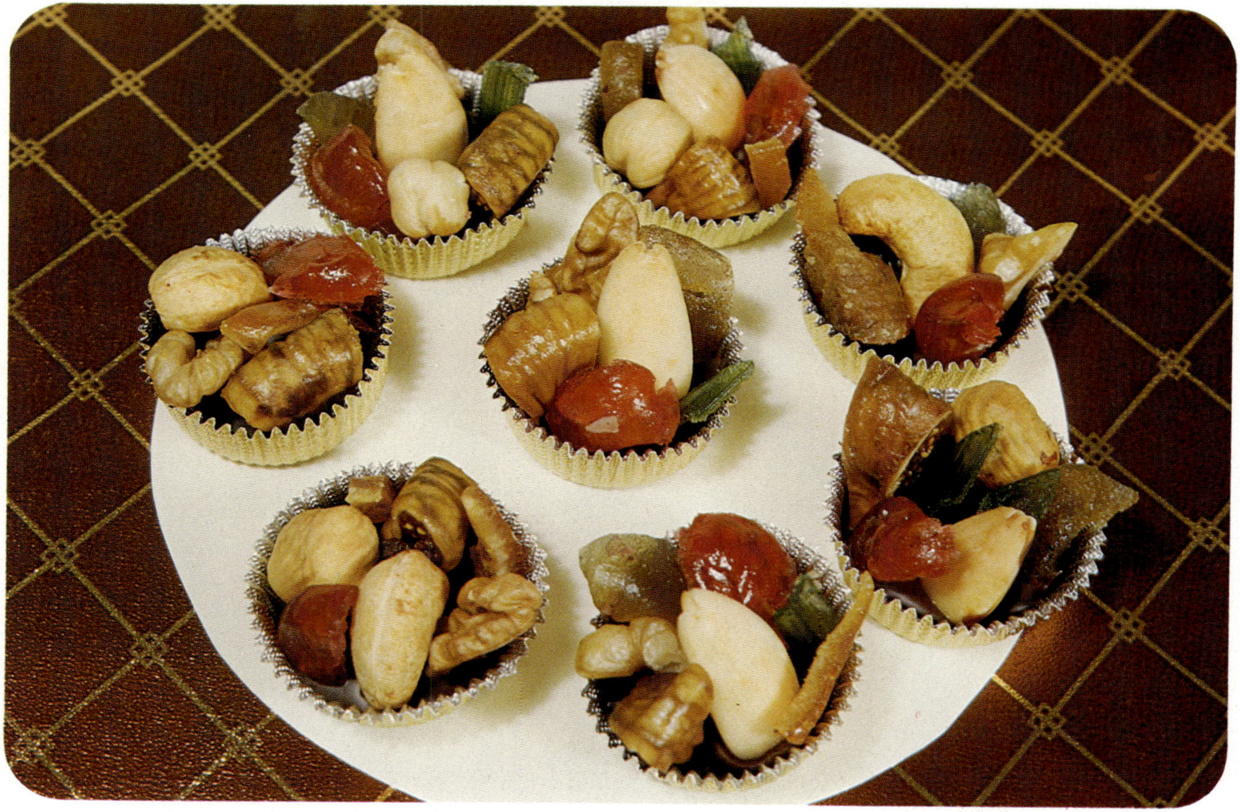

103. Rumsultaninen

Sultaninen werden je nach Beschaffenheit und Größe etwa einen Tag in 55%igen Rum gelegt. Zur Weiterverarbeitung werden die Früchte zum Abtropfen auf ein Tuch gelegt. Erst wenn die Oberfläche der Früchte keine Feuchtigkeit mehr zeigt, sollten sie sehr vorsichtig mit verdünnter 60/40-Kuvertüre vermengt werden, um ein Zerdrükken oder Austreten von Feuchtigkeit zu vermeiden.

104. Früchtebissen

Verschiedene Früchte wie Zitronat, Orangeat, Ingwer, Nüsse, Mandeln usw. werden grob gehackt, mit Weinbrandcanache vermengt und auf ein etwa 2,5 cm im Durchmesser großes 60/40-Kuvertüreplättchen portioniert. Dann mit 60/40-Kuvertüre überziehen und mit Kakaopulver bestauben.

Canache: 500 g Rahm mit 70 g Glykose kochen, dann 800 g 60/40-Kuvertüre, 120 g Weinbrand zugeben.

183

105. Gefüllte Datteln

Die Datteln werden längs angeschnitten und nach Entfernen des Kernes mit Rummarzipan gefüllt, sodann in 60/40-Kuvertüre getunkt und mit Hilfe einer Überziehgabel in Vanillestaubzucker gewälzt.
Füllung: 500 g Marzipanrohmasse mit 80 g 55%igem Rum und etwa 80 g Läuterzucker von 24° Bé glattarbeiten.

185

106. Feigen

Hierfür benötigen wir kleine, weiche Feigen bester Qualität. Der Stielansatz wird abgeschnitten, die Frucht etwas breitgedrückt und halbiert. Danach werden sie mit 70/30-Kuvertüre überzogen und mit Milchkuvertüre überspritzt.

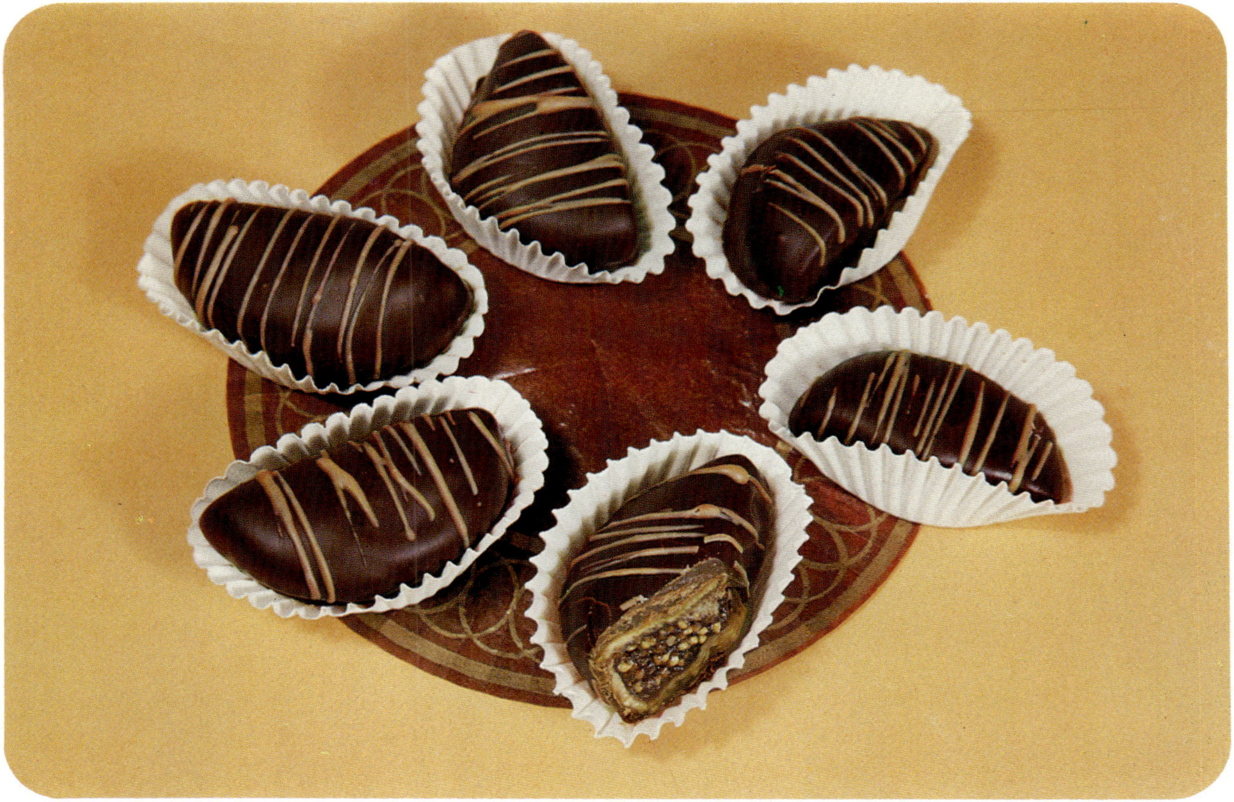

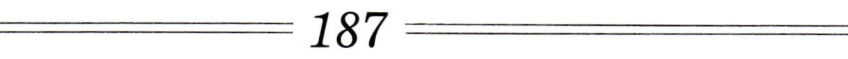

107. Nugat Montelimar

600 g Zucker, 240 g Wasser, 200 g Glykose auf 148°C kochen und dann 140 g auf 90°C erwärmten Bienenhonig beigeben. 100 g Eiweiß mit 80 g Zucker zu Schnee schlagen, dann darin die Zuckerlösung langsam einrühren. Diese Masse nun bis 119°C abrösten, dann die erwärmten Früchte, 900 g Belegkirschen oder 900 g geröstete, geschälte Haselnüsse, sowie 50 g Hartfett unterziehen, sofort auf eine Oblate in etwa 2 cm hohen Rahmen geben und mit einer Oblate abdecken. Nach dem Erkalten in 1,2×3-cm-Stücke schneiden und bis zum Rand mit Kuvertüre maskieren.

189

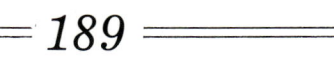

108. Ananasecken

Konfierte Ananasscheiben eigener Herstellung, s. Seite 22, in 8 Stücke schneiden und auf ein Gitter zum Abtrocknen der Oberfläche in den Wärmeschrank stellen. Die Stücke werden mit Glasur überzogen, auf ein Gitter gegeben und anschließend mit 70/30-Kuvertüre überzogen.

Glasur: 1000 g Zucker, 400 g Wasser auf 105°C kochen. In die Lösung sofort 150 g Fondant und etwas Arrakdestillat rühren.

191

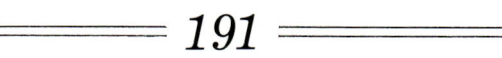

109. Mokka-Kirsch

Auf runde 60/40-Kuvertüreplättchen von etwa 2 cm Durchmesser wird Mokka-Kirsch-Canache dressiert, mit Milchkuvertüre überzogen. Bevor die Kuvertüre trocknet, in Sandzucker absetzen und mit diesem überstreuen.

Dekor: Kaffeebohne und Kuvertüre.
Canache: 500 g Rahm, 70 g Glykose kochen, dann 1000 g Milchkuvertüre unterrühren. Der erkalteten Masse 250 g Butter beigeben, wenig schaumig rühren und mit Mokkapaste abschmecken.

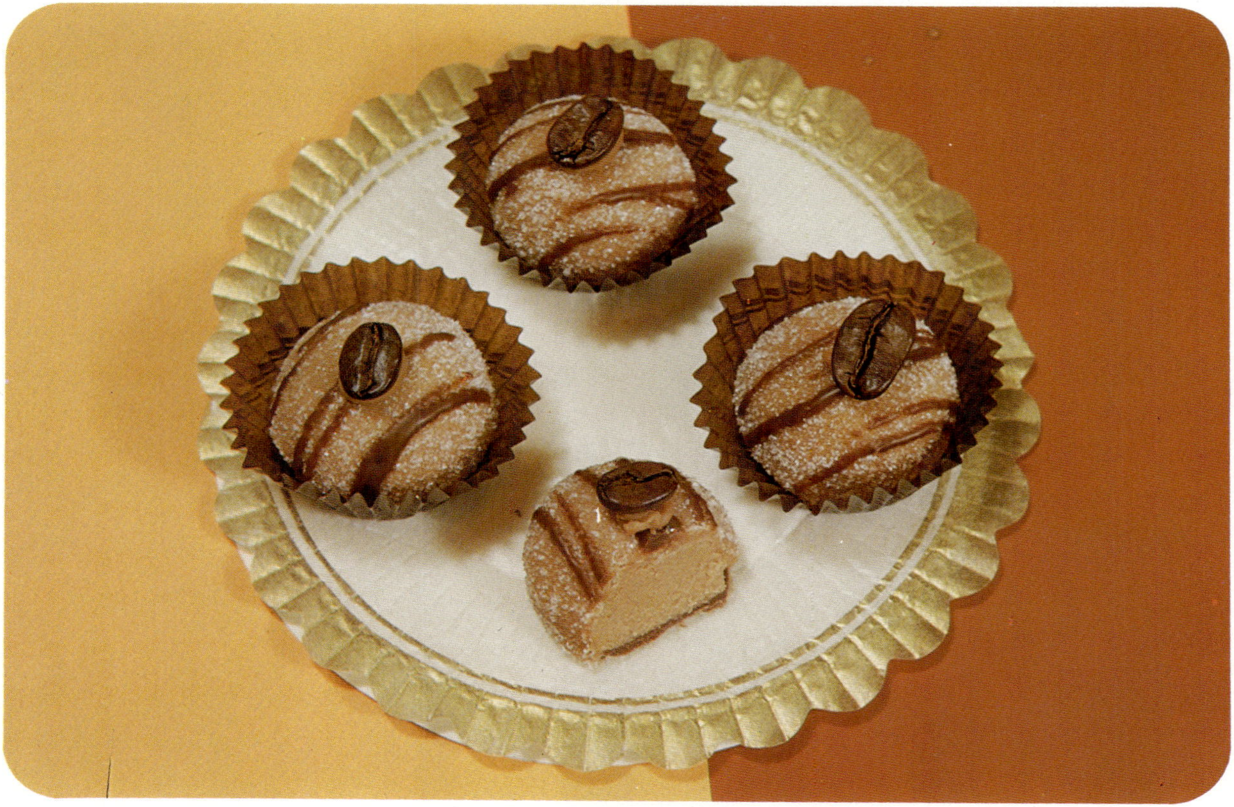

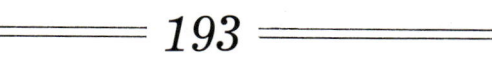

110. Trüffel-Krokant

Stanniolkapseln mit 70/30-Kuvertüre ausgießen, einen Tupfen Honigmarzipan einfüllen und etwas grobgehackten Krokant dazugeben. Dann mit Rumcanache auffüllen, mit verdünnter 70/30-Kuvertüre dekken, mit Trüffelplättchen bestreuen.

Marzipan: 500 g Marzipanrohmasse mit 150 g Honig und 60 g Butter glattarbeiten.
Canache: 500 g Rum, 70 g Glykose kochen, dann 750 g 70/30-Kuvertüre, 60 g Butter sowie 100 g Rum dazugeben und bei etwa 25°C verarbeiten.

195

111. Pistazien-Aprikose

Oval gedrückte Stanniolkapseln mit 70/30-Kuvertüre ausgießen und mit Pistazienmarzipan zur Hälfte auffüllen. Darauf Aprikosenkonfitüre geben, das ganze dann dünn mit Kuvertüre decken, ausschmücken und mit einer geteilten Pistazie verzieren. *Pistazienmarzipan:* 500 g Marzipanrohmasse, 100 g Maraschino (50 Vol.-%), 100 g Läuterzucker 24° Bé, 100 g gehackte Pistazien.

197

112. Zitrone-Vanille

Stanniolkapseln mit 70/30-Kuvertüre ausgießen, zur Hälfte mit Zitronenkrem füllen und je ein Stückchen Feige dazugeben. Darauf Vanillecanache dressieren, dann dünn mit 70/30-Kuvertüre decken sowie mit einer Spirale von Milchkuvertüre schmücken.

Krem: 500 g Fondant, 250 g Marzipan, etwa 100 g Zitronenlikör, mit Läuterzukker 24° Bé kremartig auf 25°C erwärmen.
Canache: 500 g Rahm, 70 Glykose, eine Schote Vanille kochen. 800 g 60/40-Kuvertüre dazugeben und temperiert auf 25°C verarbeiten.

199

113. Orangetrüffel

Stanniolkapseln herzförmig drücken, mit 60/40-Kuvertüre ausgießen, dann einen Tupfen Orangenmarmelade einspritzen, mit Trüffelmasse füllen und mit weißer Dekormasse decken. Mit einem großen Tupfen Kuvertüre schmücken.

Trüffelmasse: 500 g Rahm, 70 g Glykose, das mit Zucker Abgeriebene einer Orangenschale kochen. 100 g Eigelb, 150 g Zucker, schaumig gerührt, sowie 850 g flüssige 60/40-Kuvertüre dazugeben und auf 25°C temperiert verarbeiten.

201

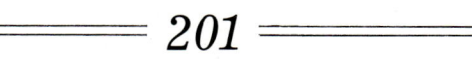

114. Walnuß-Karamel

Stanniolkapseln mit 70/30-Kuvertüre ausgießen, zur Hälfte Karamelkrem einfüllen, gehackte Walnüsse beigeben, mit Nußnugat abdecken und ausgarnieren.
Krem: 500 g Zucker schmelzen. Dann der Reihe nach 100 g Butter, 200 g Rahm auf etwa 50°C erwärmt beigeben. Bei etwa 60°C 70 g 55%igen Rum unterrühren und nach dem Abkühlen auf etwa 25°C verarbeiten.

203

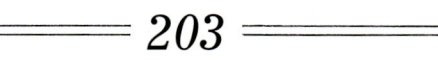

115. Aprikot-Trüffel

Auf runde 60/40-Kuvertüreplättchen von etwa 2 cm Durchmesser wird zuerst ein Tupfen Aprikosenkonfitüre und darüber Trüffelmasse dressiert. Die Körper werden mit 60/40-Kuvertüre überzogen, in Sandzucker gesetzt und mit diesem bestreut.

Dekor: Dunkle Überzugsmasse, Blattgold.
Trüffelmasse: 250 g Butter, 50 g Staubzucker, 60 g Glykose schaumig rühren, dann 100 g Aprikot (50 Vol.-%) beigeben sowie 600 g Milchkuvertüre von etwa 30°C unterziehen und sofort aufdressieren.

205

116. Mandel-Nußnugat

Glatte, konische Formen mit Milchkuvertüre ausgießen, mit Mandel- und Nußnugatkrem je zur Hälfte füllen und mit Milchkuvertüre zustreichen.
Dekor: Halbe Nüsse, Schokoladepunkte.

Krem: 250 g Rahm, 60 g Glykose kochen, dann 600 g Mandelnugat dazugeben und temperiert bei 25° C verfüllen. Für Nußnugat gleiches Gewichtsverhältnis und gleiche Verarbeitung.

207

117. Grand Marnier

Aus Schokoladenmarzipan mit der Marzipanstanze Blütenform ausstechen. Diese mit einem Tupfen Aprikosenmarmelade und Orangenmarzipan füllen. Die Oberfläche mit weißer Dekormasse decken und bis zum Rand in 60/40-Kuvertüre tunken.

Füllung: Unter 500 g Marzipanrohmasse 125 g Läuterzucker von 24° Bé und 125 g Grand Marnier arbeiten.

Marzipan: 500 g Marzipanrohmasse, 30 g Glykose, 160 g Staubzucker, 40 g Kakaopulver.

118. Rosenmarzipan-Canache

Mit einer Blütenstanze von Rosenmarzipan Körper ausstechen und die Oberfläche abflämmen und glänzen. Eine Füllung von Johannisbeergeleetupfen und Rumcanache einfüllen und dann mit dünnflüssiger Kuvertüre abdecken.

Canache: 500 g Rahm mit 70 g Glykose kochen, dann 600 g 60/40-Kuvertüre, 300 g Milchkuvertüre sowie 100 g 55%igen Rum dazugeben und bei etwa 40°C verarbeiten.

Marzipan: 500 g Marzipanrohmasse, 30 g Glykose, 200 g Staubzucker, mit Rosenwasser abschmecken.

209

119. Kirschkrem

Formen mit Milchkuvertüre ausgießen, je eine kleine Weinbrandkirsche einlegen, mit Fondantkrem füllen und mit Milchkuvertüre verschließen.

Krem: 500 g Fondant, 200 g Marzipanrohmasse, 100 g Weinbrand mit etwa 80 g Läuterzucker von 24° Bé auf etwa 24°C erwärmen und sofort verarbeiten.

211

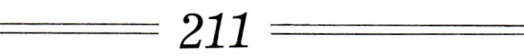

120. Weinbrandbohnen

Formen mit Milchkuvertüre überspritzen, anschließend mit 70/30-Kuvertüre ausgießen. Kalte Weinbrandlösung bis 2 mm unter den Rand einfüllen, die Oberfläche mit heißer Kakaobutter übersprühen und mit einer Spezialschaufel die Kuvertüreabdeckung vornehmen.

Lösung: 140 g Glykose mit 50 g Puderzucker auf 45°C erwärmen, mit 180 g Weinbrand mischen und gekühlt einfüllen.

213

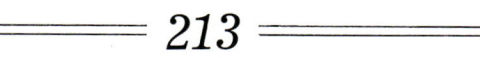

121. Vanille-Erdbeer

Formen von 2,5 cm im Durchmesser mit 60/40-Kuvertüre ausgießen. In die flache Halbschale einen Tupfen Aprikosenmarmelade geben, darauf Vanillekremmarzipan dressieren, ein ausgestochenes Erdbeergeleeplättchen von etwa 2 mm Stärke auflegen.

Überzug: 60/40-Kuvertüre.
Dekor: Blattgold.

Krem: 400 g Marzipanrohmasse, 200 g Fondant, eine Schote Vanille, 50 g Feinsprit auf etwa 25°C erwärmen, mit etwas Läuterzucker spritzfähig machen.
Gelee: 500 g Wasser mit 8 g pulverisiertem Agar-Agar kochen und abschäumen, dann 450 g Zucker, 250 g Glykose, 120 g Erdbeermark ohne Zucker beigeben und bis 106°C kochen. Dann die Masse auf ein Karree gießen und erstarren lassen.

215

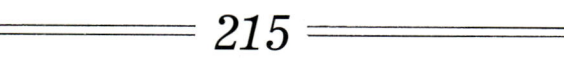

122. Florentiner-Nugat

Vanillemarzipan 2 mm dick ausrollen und darauf 0,6 cm Nußnugat streichen. Nach dem Erstarren Scheiben von etwa 2,5 cm im Durchmesser ausstechen, darauf dann einen Tupfen Johannisbeergelee geben, Florentinerstücke auflegen und anschließend bis zum Rand in 60/40-Kuvertüre tunken.

Marzipan: 500 g Marzipanrohmasse, 30 g Glykose, 250 g Staubzucker, eine halbe Schote Vanille.

Nugat: Unter 1500 g Nußnugat 130 g flüssige Kakaobutter arbeiten.

217

123. Eierlikörbohnen

Formen mit Milchkuvertüre ausgießen, Eierlikör bis etwa 2 mm unter den Rand einfüllen, mit dünnflüssiger Milchkuvertüre abdecken und die Oberfläche ausgarnieren.

124. Mokkabohnen

Formen mit Milchkuvertüre ausgießen und mit Mokkanugat füllen. Nach dem Erstarren der Masse die Bohnen dann auf ovale Kirschmarzipanplättchen geben und in 60/40-Kuvertüre tunken.
Nugat: 500 g Mandelnugat, 30 g flüssige Kakaobutter mit Mokkapaste abschmecken und anschließend auf etwa 24° C temperiert verarbeiten.
Marzipan: 500 g Marzipanrohmasse, 30 g Glykose, 40 g Kirschwasser (55 Vol.-%), 300 g Staubzucker.

219

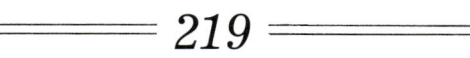

125. Mokka-Kirsch

Formen mit Milchkuvertüre ausgießen, Hohlkörper zu 1/3 mit Mokkanugatkrem füllen und bis etwa 2 mm unter den Rand Kirschwasserfondantkrem eindressieren. Ist die Oberfläche des Fondants abgesteift, wird die Praline mit Milchkuvertüre verschlossen.

Nugatkrem: 500 g Mandelnugat mit etwa 25 g Mokkapaste abschmecken, temperiert bei 24°C verarbeiten.

Fondantkrem: 1000 g Fondant, 50 g Glykose, mit Kirschwasser und Zitronensaft abgeschmeckt und temperiert bei 24°C verfüllen.

221

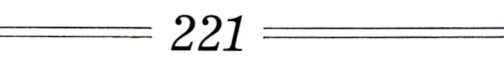

126. Pistaziennugat

900 g Mandelnugat zusammen mit 120 g flüssige Kakaobutter auf etwa 36°C temperieren, dann 60 g halbierte Pistazienkerne beigeben, in 1,5 cm hohe Schienen füllen und gründlich absteifen lassen. Dann die Bodenseite mit Kuvertüre bestreichen, in 3 cm breite Streifen schneiden, die Oberfläche mit dunkler Überzugsmasse überspritzen und in etwa 1,5 cm große Stücke schneiden.

127. Haselnußnugat

900 g dunklen Haselnußnugat, 125 g flüssige Kakaobutter auf etwa 36°C temperieren und etwa 250 g mittelgroße, leicht angeröstete Haselnüsse beigeben. Die Masse in 1,5 cm hohe Schienen füllen, absteifen lassen, die Bodenseite mit Kuvertüre bestreichen und in 3 cm breite Streifen schneiden. Diese ganz mit Milchkuvertüre überziehen, die Oberfläche profilieren und in etwa 1,5 cm große Stücke schneiden.

223

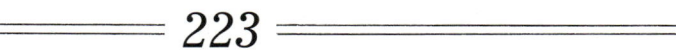

128. Krokant-Nugat

Auf ein in Glanzfolie geprägtes Milchkuvertüreplättchen von etwa 2,5 cm Durchmesser wird ein Tupfen Krokantnugat dressiert, in die Mitte eine Weinbrand-Likörperle eingedrückt und mit einem weiteren Kuvertüreplättchen abgedeckt.
Dekor: Grellierte Haselnuß (Herstellung wie bei dem Rezept auf Seite 156 erklärt).
Füllung: Unter 500 g dunklen Haselnußnugat 125 g feinkörnigen Krokant und 70 g Kakaomasse arbeiten.
Likörperle: 500 g Zucker, 200 g Wasser auf 118° C kochen, 180 g Weinbrand beigeben (Arbeitsweise auf Seite 16 beschrieben).

129. Honig-Marzipan

Auf 60/40-Kuvertüreplättchen von etwa 2 cm Durchmesser wird Honigmarzipan dressiert. Wenn sich an der Oberfläche nach etwa 4 Stunden eine Haut gebildet hat, wird der Körper mit 70/30-Kuvertüre überzogen und ausgarniert.
Füllung: 500 g Marzipanrohmasse, 125 g Honig und 100 g 55%iger Rum.

225

130. Mokka-Mandelnugat

Formen von 2,5 cm im Durchmesser mit 60/40-Kuvertüre ausgießen. Die flache Halbschale mit Mokka-Canache füllen und darauf mit Mandelnugat eine Halbkugel dressieren. Mit 60/40-Kuvertüre überziehen. Zum Abschluß mit je einer halben, angerösteten Mandel schmücken.

Canache: 500 g Rahm, 100 g Glykose, 80 g Butter kochen, dann 800 g 60/40-Kuvertüre sowie 60 g Weinbrand beigeben und mit Mokkapaste abschmecken.

Nugat: Unter 500 g Mandelnugat 120 g Butter arbeiten und dann etwas schaumig rühren.

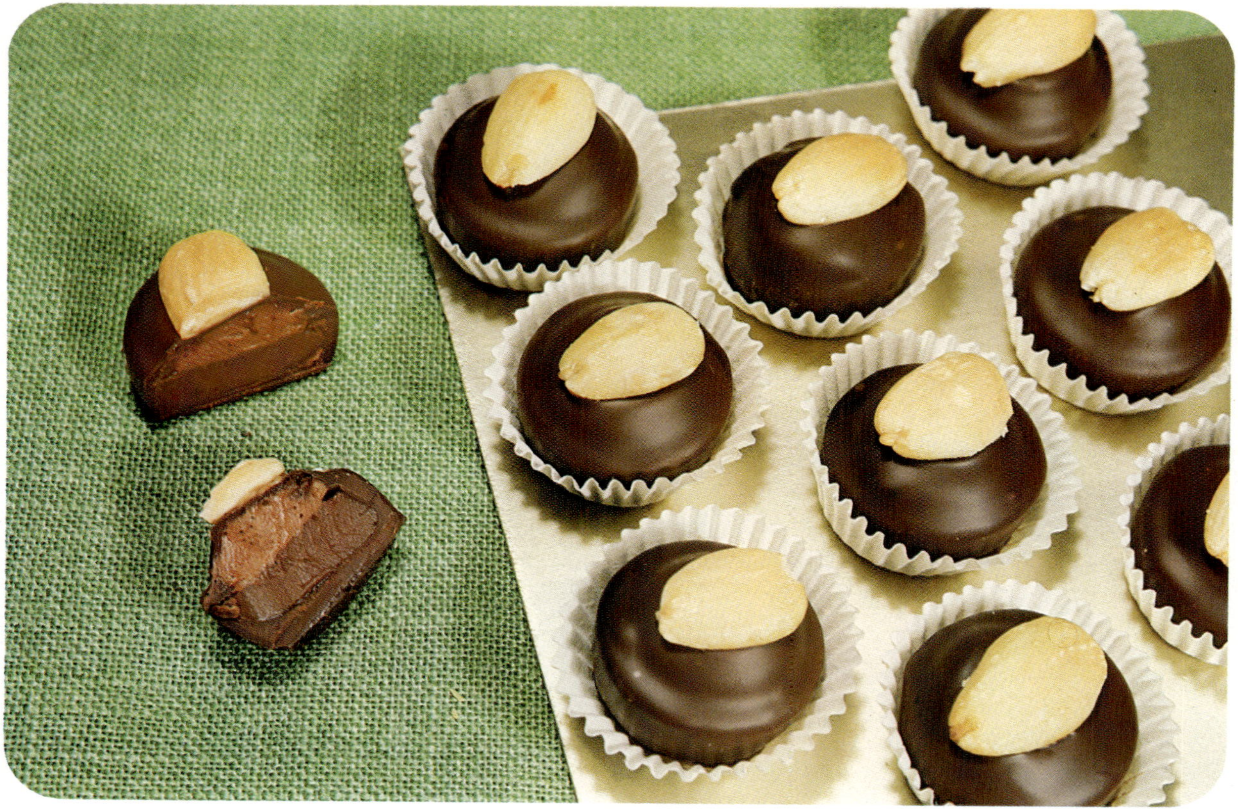

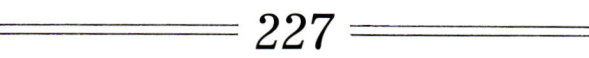

131. Rum-Sultana

Formen von 2,5 cm im Durchmesser mit 60/40-Kuvertüre ausgießen. Einen Tupfen Aprikosenmarmelade in die flache Halbkugel geben und mit Rum-Marzipankrem füllen. Darauf eine Halbkugel Vanillecanache dressieren, mit 3 Sultaninen schmücken und mit 60/40-Kuvertüre überziehen.

Krem: 400 g Marzipanrohmasse, 200 g Fondant, 80 g Rum (55 Vol.-%) mit Läuterzucker spritzfähig machen.

Canache: 500 g Rahm, 100 g Glykose, eine Vanilleschote kochen, 800 g 60/40-Kuvertüre, 50 g Feinsprit beigeben. Die erkaltete Masse mit 150 g Butter schaumig rühren.

229

132. Kirsch-Mandelnugat

Formen von 2,5 cm im Durchmesser mit 60/40-Kuvertüre ausgießen. Einen Tupfen Kirschmarmelade in die Halbschale geben und mit Kirschwassermarzipan füllen. Je eine Halbkugel Mandelnugat aufdressieren, mit gerösteten Mandelsplittern schmücken, mit Milchkuvertüre überziehen.

Krem: · Unter 500 g Marzipanrohmasse 125 g Läuterzucker, etwa 25° Bé, und 125 g Kirschwasser (45 Vol.-%) geben.

Nugat: Unter 500 g Mandelnugat 120 g Butter arbeiten und dann etwas schaumig rühren.

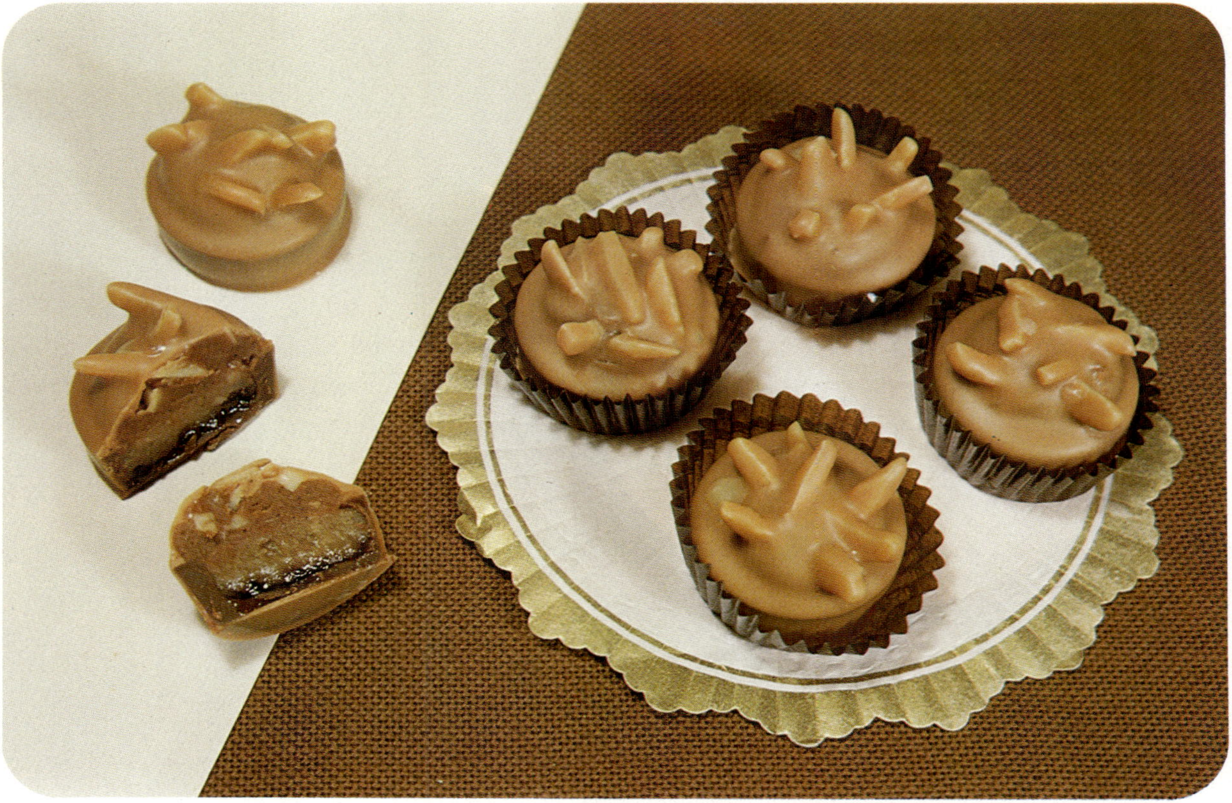

133. Orange-Buttermarzipan

Formen von 2,5 cm im Durchmesser mit 60/40-Kuvertüre ausgießen. In die flachen Halbschalen einen Tupfen Aprikosenmarmelade geben, mit Orangenmarzipan füllen und mit Buttermarzipan eine Spitze aufdressieren, dann mit 60/40-Kuvertüre überziehen.

Krem: Unter 500 g Marzipanrohmasse 100 g Orangenkonfitüre, 150 g Fondant sowie 60 g Cointreau arbeiten, bis etwa 25°C erwärmen und verfüllen.

Buttermarzipan: Unter 500 g Marzipanrohmasse 200 g Fondant, 50 g Feinsprit und 150 g Butter arbeiten.

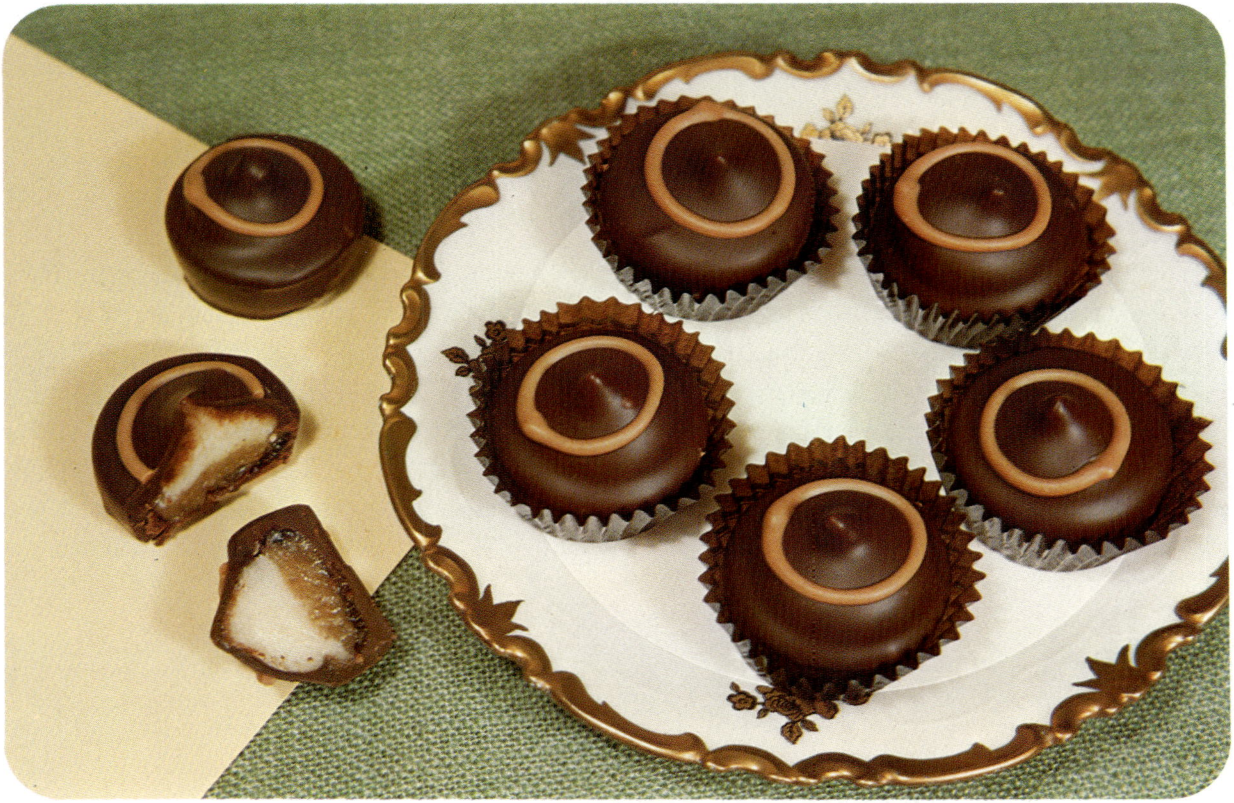

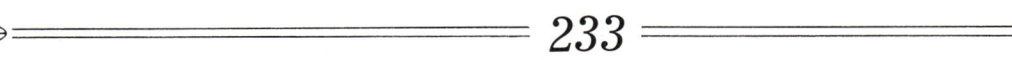

134. Noisette Chartreuse

Formen von 2,5 cm im Durchmesser mit 60/40-Kuvertüre ausgießen. In die flache Halbschale Chartreuse-Canache füllen. Wenn die Masse angezogen hat, Noisettekrem aufdressieren, mit Milchkuvertüre überziehen und schmücken.

Canache: 500 g Rahm, 100 g Glykose, eine kleine Messerspitze Zimt sowie Nelken dazugeben und kochen. Dann 750 g 60/40-Kuvertüre und 120 g Chartreuse unterrühren. Die Masse temperiert bei etwa 25°C verarbeiten.

Noisette: 500 g Rahm mit 100 Glykose kochen, dann 700 g 60/40-Kuvertüre sowie 250 g Milchkuvertüre beigeben. Zur erkalteten Masse 500 g Haselnußnugat und 150 g Butter geben und alles zusammen etwas schaumig rühren.

235

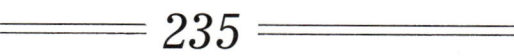

135. Kirsch-Erdbeer

In die mit großer Öffnung versehenen Hohlkugeln aus Milchkuvertüre je einen Tupfen Erdbeergelee geben, die Kugeln mit Kirschkrem füllen, mit Kuvertüre verschließen und mit Milchkuvertüre überziehen. Danach mit Kakaopulver bestauben und mit Kuvertürestreifen schmücken.

Krem: Unter 500 g Marzipanrohmasse 200 g Fondant, 100 g Butter sowie 120 g 45%iges Kirschwasser arbeiten.

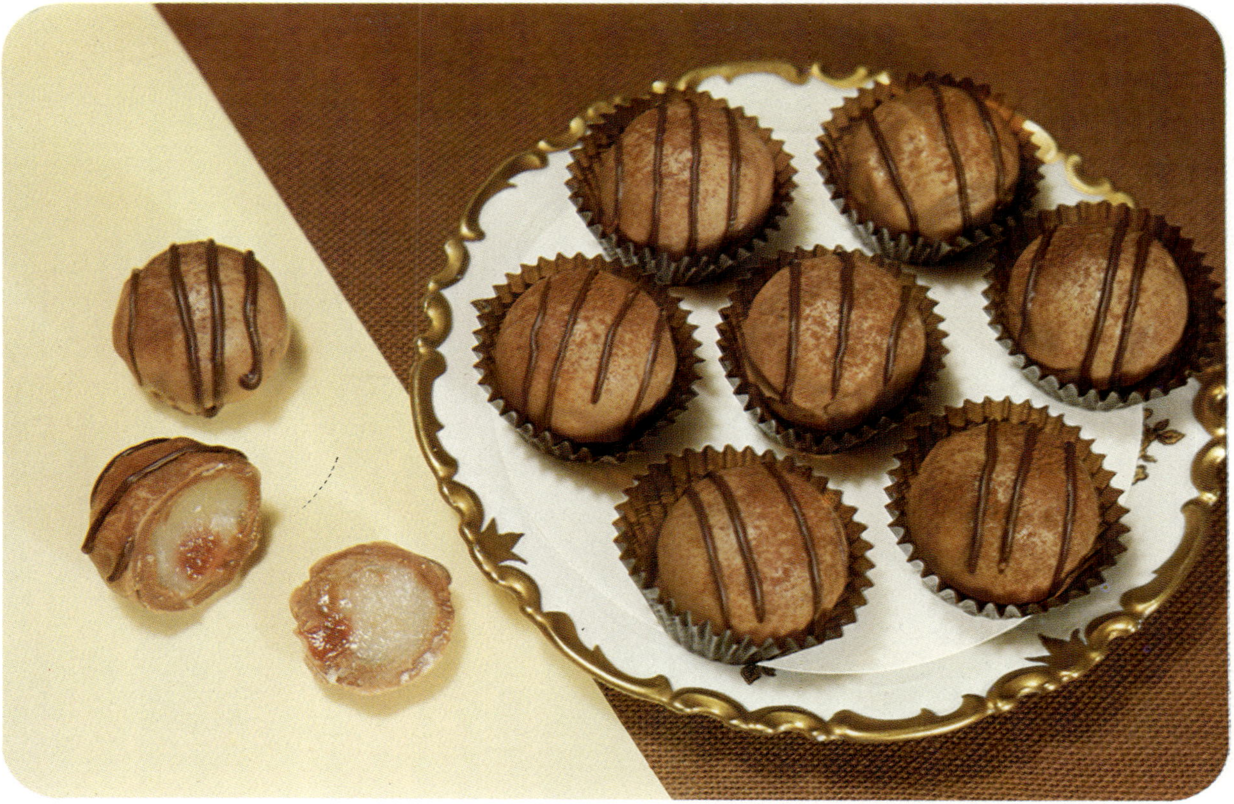

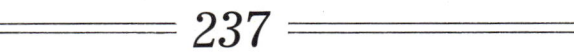

136. Armagnac-Buttercanache

Milchkuvertüre-Hohlkugeln mit großer Öffnung werden mit Canache gefüllt, mit 70/30-Kuvertüre verschlossen und anschließend mit der gleichen Kuvertüre ganz überzogen.

Canache: 500 g Rahm, 100 g Glykose kochen, dann 850 g 60/40-Kuvertüre sowie 120 g Armagnac unterrühren. Nach dem Abkühlen 400 g glattgearbeitete Butter unterrühren und bei etwa 25°C verfüllen.

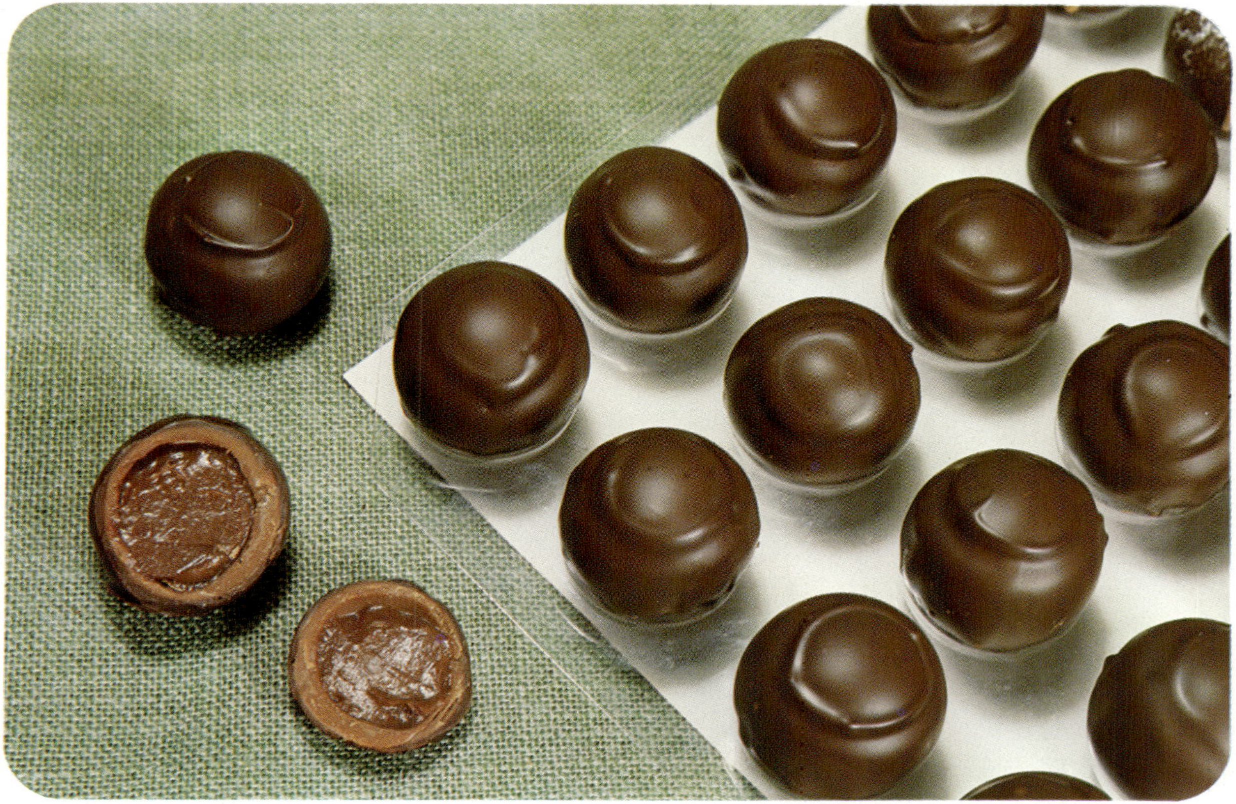

Zu diesen drei Sorten werden Stäbchenhohlkörper etwa 5×1 cm, die aus 60/40-Kuvertüre gegossen wurden, verwendet.

137. Mokka-Kirsch

Stäbchen mit Kirschmarzipankrem füllen und anschließend Mokkanugat aufdressieren.
Krem: Unter 500 g Marzipanrohmasse 125 g Läuterzucker (24° Bé) und 125 g Kirschwasser arbeiten.

Nugat: Unter 500 g dunklen Haselnußnugat 70 g flüssige Kakaobutter arbeiten, mit Mokkapaste abschmecken und anschließend bis zur Spritzfähigkeit temperieren.

138. Maraschino-Vanille

Stäbchen mit Vanillecanache füllen, auf die angezogene Masse Maraschinokrem dressieren, mit 60/40-Kuvertüre überspritzen und mit halben Pistazien schmücken.
Canache: 500 g Rahm, 100 g Glykose, eine Schote Vanille kochen, 650 g 60/40-Kuvertüre und 250 g Milchkuvertüre beigeben, dann die Masse bei etwa 25°C verarbeiten.
Krem: Unter 200 g Fondant 500 g Marzipanrohmasse, 70 g Maraschino und 100 g flüssige Kakaobutter arbeiten. Die Masse auf 35°C erwärmen, bei 25°C dressieren.

139. Mirabell-Nugat

Stäbchen mit Mirabell-Marzipankrem füllen, darauf Haselnußnugat dressieren, mit gerösteten, gehackten Nüssen bestreuen und mit 60/40-Kuvertüre überspritzen.
Krem: Unter 500 g Marzipanrohmasse 125 g Läuterzucker, etwa 24° Bé, 125 g Mirabellengeist sowie 60 g Butter arbeiten.
Nugat: 500 g Haselnußnugat, dazu 70 g flüssige Kakaobutter geben und temperiert zur Spritzfähigkeit bringen.

241

Fachausdrücke

Abflämmen
Die Oberfläche im heißen Ofen überbacken, z. B. beim Königsberger Marzipan

Absetzen
Pralinenkörper, mit Kuvertüre überzogen, auf einer Folie absetzen. Die Bodenseite kandierter Fondantkörper in Kuvertüre tauchen.

Absterben
Auskristallisieren des Zuckers. Der Fondant, der Zucker „stirbt ab", er wird trübe, undurchsichtig.

Anwirken
Verschiedene Zutaten wie Marzipan, Staubzucker, Nüsse u. a. werden zusammengearbeitet.

Ausformen
Die in Formen mit Kuvertüre ausgegossenen, dann erstarrten und mit Füllungen versehenen Pralinenkörper aus der Form nehmen.

Auspudern
In Puder gegossene Füllungen, nachdem sie sich zum Körper gebildet haben, vom Puder befreien.

Blanchieren
Früchte werden vorher ausgekocht, ehe sie geschält oder mit Zucker behandelt werden.

Conchieren
Ein Bearbeitungsvorgang, bei dem die Schokolade in den Conchen durch ein Rühr- bzw. Reibsystem ihren feinen Schmelz bekommt.

Dragieren
Mehrmaliges Auftragen von Sirup-Zuckerlösungen auf Körper (Nüsse, Mandeln, Marzipan) u. a. im Drageekessel.

Dressieren
Pralinenmassen (Marzipan, Canache) usw. auf Kuvertüreplättchen aufbringen.

Emulgieren
Inniges Verbinden verschiedener Zutaten, z. B. Milch und Fett, zu einer Einheit.

Fassonieren
Ausgerollte Massen (Marzipan, Canache) usw. durch Ausstechen, Rollen in eine bestimmte Form bringen.

Fermentieren
Der besondere Geschmack, das feine Aroma von Vanille, Kaffee, Kakao u. a. wird weitgehend durch Gärung (Temperatur, Feuchtigkeit) erzielt und dadurch veredelt.

Filtrieren
Lösungen durch einen Filter geben.

Garnieren
Ausschmücken, Verzieren der überzogenen Pralinen mit Kuvertüre, Mandeln, Pistazien, Nüssen usw.

Glänzen
Die Oberfläche von Körpern, z. B. Königsberger Marzipan, mit Läuterzucker, Gummiarabikum, Kakaobutter abglänzen.

Glasieren
Früchte, z. B. Ananas, Orangeat, Ingwer, werden mit einer gekochten Zuckerlösung bei etwa 105°C, die wenig antabliert wurde, überzogen.

Grellieren
Überziehen von Mandeln, Nüssen mit einer geschmolzenen Zuckerschicht.

Homogenisieren
Innig vermischen, zur Emulsion bereiten.

Intensivieren
Die Intensität des Aromas steigern, verstärken.

Invertieren
Umwandeln z. B. von Verbrauchszucker (Saccharose), Rohr- oder Rübenzucker in Invertzucker, Gemisch aus Frucht- und Traubenzucker, durch ein Ferment.

Kämmen
Mit Kuvertüre überzogene Flächen werden kurz vor dem Erstarren mit einem Hornkamm profiliert.

Kandieren
Die Oberfläche von Fondant, Marzipan, Früchten, Gelee u. a. mit einer dünnen Zuckerkristalldecke umhüllen.

Karamelieren
Marzipan, Nüsse, Früchte u. a. mit Karamel (Zucker und Glykose, auf etwa 143–150°C gekocht) überziehen.

Konfieren
Früchte werden durch stufenweises Anreichern mit Zucker zu Belegfrüchten verarbeitet.

Kristallisieren
Bei Zuckerlösungen von 28–36° Bé erfolgt eine beschleunigte Rückkristallisierung. Kandierzucker-Likörpralinen mit Zuckerkruste.

Lockern
Der Puder wird zur Auflockerung durch ein Sieb gegeben. Dieser Arbeitsvorgang ist beim anschließenden Gießen der Likör- oder Fondantpralinen unbedingt erforderlich.

Marinieren
Belegfrüchte wie Ananas, Kirschen, Sultaninen u. a. werden zum Teil zerkleinert in Alkohol (Rum, Weinbrand usw.) eingelegt.

Maskieren
Pralinen werden nur bis zum oberen Rand in Kuvertüre getaucht.

Oxydieren
Die Einwirkung von Sauerstoff führt zum Fettverderb (seifig, ranzig), entsteht auch durch häufiges Erhitzen von Fetten.

Passieren
Wenn z. B. Marzipankrem, Fondant o. ä. nicht von glatter Beschaffenheit ist, wird die Masse durch ein Sieb gestrichen, sie wird passiert.

Pikieren
Damit bei Früchten wie Reneclauden, Stachelbeeren u. a. beim Weichkochen die Oberfläche nicht reißt, werden sie mit der Nadel mehrmals bis zum Kern eingestochen.

Platzen
Die überzogenen Pralinen platzen, die Kuvertüre reißt! Die Oberfläche der Körper aus Marzipan, Canache sollte je nach Beschaffenheit leicht abgetrocknet sein, eine Haut gebildet haben, bevor sie in Kuvertüre getunkt werden.

Profilieren
Der Oberfläche eine besondere Struktur geben.

Reiben
Mandeln, Nüsse werden in einer Maschine grob oder fein gerieben. Um eine innige Verbindung z. B. von Nüssen zu erreichen, läßt man sie mehrmals durch das Walzwerk laufen, auch diesen Vorgang bezeichnet man als Reiben.

Rühren
Canache-Nugatmassen werden gerührt, Pralinengrundkrem wird unter Hitzeeinwirkung abgerührt.

Schmücken
Die Pralinenoberfläche wird mit einem Kuvertüreornament, mit Mandeln, Blattgold o. a. geschmückt.

Sprühen
Marzipankörper werden mit Kakaobutter übersprüht, um sie vor dem Austrocknen zu schützen, auch stark verdünnte Kuvertüre läßt sich versprühen.

Stocken
Erwärmte, nicht temperierte Kuvertüre kann zum „Stocken" – Festwerden – gebracht werden, indem sie kalt gerührt wird.

Tablieren
Gekochte Zuckerlösung (116°C) für Fondant wird auf einer Marmorplatte ständig bewegt, bis der Fondant erst ein milchiges Aussehen und zuletzt eine kremartige Beschaffenheit annimmt.

Temperieren
nennt man den Vorgang, erwärmte Kuvertüre von ca. 40°C auf 28–31°C zu bringen, wobei die Überzugsmasse nach dem Festwerden einen Mattglanz haben soll.

Tunken
Pralinenkörper werden in Kuvertüre eingetaucht. Es gibt auch das Tunken nur bis zur Oberfläche.

Überziehen
Pralinenkörper werden mit Kuvertüre überzogen.

Unterschwenken
Mischen von Zutaten, z. B. Alkohol unter die Zuckerlösung geben, etwa wie bei Weinbrandbohnen mit Kruste. Durch Rühren besteht (hier) Kristallisationsgefahr.

Verzieren
Eine Verzierung an der Pralinenoberfläche vornehmen mit Blattgold, Kuvertüre, Früchten, Nüssen u. a.

Früchte, Materialien und Massen

Agar-Agar
Pflanzliches Geliermittel aus Algen, das in Verbindung mit Wasser, Zucker, Glykose, Geschmacksstoffen u. a. für Geleefrüchte und zu Füllungen verwendet wird.

Ananas
Aromatische Tropenfrucht, findet nur als Dickzuckerananas oder Konfitüre bei der Pralinenherstellung Verwendung.

Apfelbranntwein
Aromatischer Branntwein, besonders bekannt der französische Calvados.

Aromastoffe
Zur Pralinenherstellung kommen nur reine, natürliche Geschmacksstoffe bester Qualität zur Verwendung.

Arrak
Branntwein, der aus Reis, Zuckerrohr und Palmwein hergestellt wird.

Belegfrüchte
werden durch Einlegen in konzentrierte Zuckerlösung hergestellt. Endstufe der Konzentration ca. 38° Bé.

Butter
Mit Butter bester Qualität hergestellte Pralinen sind besonders delikat. Die Haltbarkeit ist begrenzt (Oxydation, Ranzigwerden).

Canache
Bezeichnung für eine Pralinenmasse, auch als Trüffel oder Pariser Krem bekannt. Grundrezept: 500 g Rahm, 1000 g Kuvertüre.

Chartreuse
ist ein Kräuterlikör aus Frankreich mit Auszügen aus Angelika, Chinarinde, Ingwer, Curaçaoschalen u. a.

Cognac
Weinbrand, der ausschließlich aus Weinen der Charente hergestellt wird, mit mindestens 38 Vol.-%.

Cointreau
ist ein französischer Markenlikör mit Orangenschalenaroma. Zur Pralinenherstellung wird ein Destillat von 60 Vol.-% verwendet.

Curaçao
Likör von leicht bittersüßem Geschmack, hergestellt aus Curaçaoschalen (Pomeranzen), 30-Vol.-%.

Destillate
Durch Destillation gewonnene alkoholische Auszüge von Früchten, z. B. Kirschen, Birnen, Himbeeren oder Säften. Für die Pralinenherstellung besonders zu empfehlen.

Eierlikör
Likör aus frischem Hühnereigelb, Zucker und Alkohol, mindestens 20 Vol.-%.

Enzyme
sind Wirkstoffe, so z. B. das Präparat Invertin. Ein Gramm wird beim Anwirken von 1000 g Marzipan zugesetzt. Das Enzym bewirkt den Abbau von Rübenzucker in Trauben- und Fruchtzucker, die zur Frischhaltung des Marzipans beitragen.

Fondant
Wasserfondant ist eine zu 116° C gekochte Zuckerlösung mit ca. 10 % Glykose, die nach Abkühlung tabliert wird. Wir kennen noch Milch-, Frucht- und Rahmfondant.

Gianduja
Pralinenmasse aus der Schweiz von besonders feinem Schmelz, in verschiedenen Geschmackskompositionen.

Glykose
Stärkesirup, Süßkraft etwa 40, wenn Saccharose 100 ist. Bewirkt u. a. Frischhaltung, Volumenzunahme, Zähflüssigkeit und ist kristallisationshemmend.

Haselnüsse
Die Kerne enthalten etwa 55–60 % Öl, 15 % Eiweiß und Kohlehydrate. Im gerösteten und gemahlenen Zustand tritt das feine Aroma besonders hervor.

Honig
ist ein süßer, aromatischer Stoff von hohem Nährwert, den die Bienen erzeugen.

Ingwer
ist der luftgetrocknete Wurzelstock einer Staude. Der wie Dickzuckerfrüchte behandelte Ingwer wird geschnitten, kandiert und mit Kuvertüre überzogen.

Invertase
ist ein Ferment, das in vielen Pflanzen und in der Hefe vorkommt. Es wandelt Rüben- und Rohrzucker in Invertzucker um und bewirkt die Frischhaltung in Marzipan und Pralinenmassen.

Invertzucker
Zur Frischhaltung von Marzipanpralinen wird ca. 7 % flüssiger Invertzucker auf die Saccharosebeigabe (Staubzucker) zugesetzt.

Jam
Die englische Bezeichnung für Marmelade. Die englischen Marmeladen zeichnen sich durch eine Vielfalt von verschiedenen Sorten aus.

Kaffee
Der Samen des Kaffeebaumes ist die Kaffeebohne. Nach dem Reinigungs-, Fermentierungs- und Trockenprozeß wird der Kaffee geröstet, hierbei bilden sich Karamel- und Röstbitterstoffe.

Kakaobutter
wird durch Pressen der gerösteten, gemahlenen Kakaokerne zwischen 70 und 90° C gewonnen. Der Kakaokern enthält ca. 50–55 % Kakaofett.

Kakaopulver
wird aus Kakaokernen durch teilweises Abpressen der Kakaobutter (Kakaopreßkuchen) und pulverige Vermahlung des Preßkuchens gewonnen.

Kirschwasser
ist ein Edelbranntwein aus vergorener Kirschmaische, Mindestalkohol 38 Vol.-%. Für die Pralinenherstellung verwenden wir Kirschwasser mit 45 Vol.-%.

Karamel
Auf 142–150° C gekochte Zuckerlösung, welche nach dem Erkalten hart wird. Marzipan-Fours werden in Karamel getaucht. Rezept: 500 g Zucker, 200 g Wasser, 50 g Glykose bis 145° C kochen.

Koffein, Tein
Koffein im Kaffee, wie Tein im Tee vorkommend, ist ein Alkaloid (organische Stickstoffverbindung). Beides wirkt anregend auf den Organismus.

Konfekt
Dieser Begriff umfaßt kleine Süßwaren, dazu gehören Fondants, Pralinen u. a.

Konfitüren
sind überwiegend Einfruchtmarmeladen, die ganze Früchte oder Fruchtstücke enthalten.

Korinthen
sind getrocknete, aromatische Weinbeeren einer blauschwarzen Traubenart. In Rum mariniert, eignen sie sich als Füllung.

Krokant
setzt sich aus geschmolzenem Zucker und angerösteten Mandeln oder Nüssen zusammen. Verhältnis 500 g Zucker, 250 g Kerne, 30 g Glykose und zur Qualitätsverbesserung 50 g Butter.

Kuvertüre
ist eine Schokoladenüberzugsmasse. Sie darf nicht weniger als 33 % Kakaomasse, 35 % Kakaobutter und höchstens 50 % Zucker enthalten. Bei den Sorten 50/50, 60/40, 70/30 gibt die erste Zahl die Kakaobestandteile, die zweite den Zuckeranteil an.

Läuterzucker
ist eine vom Schaum befreite Zuckerlösung. Zur Pralinenherstellung sollte sie eine Konzentration von ca. 24° Bé haben.

Liköre
sind Spirituosen mit Zusätzen von Zucker, aromatischen Stoffen, Destillaten, Fruchtsäften u. a. Um das Kristallisieren des Likörs zu vermeiden, kann Stärkesirup zugesetzt werden.

Mandeln
Samenkerne der Steinfrüchte des Mandelbaumes. Die geschälte, weiße Mandel wird in gehobelter, gehackter, gestiftelter und gerösteter Form verarbeitet.

Maraschino
Aus Marasken, einer Sauerkirschenart, hergestellter Likör. Zur Aromatisierung der Pralinenmassen sollte ein Destillat von ca. 45–50 Vol.-% verwendet werden.

Marmelade
wird in einem Kochprozeß aus Fruchtfleisch und Zucker bereitet. Marmeladen enthalten keine Fruchtstücke im Gegensatz zur Konfitüre.

Marzipanrohmasse
besteht aus zwei Dritteln süßen Mandeln und einem Drittel Zucker. Für Marzipanpralinen sollte dieser Rohmasse nicht mehr als 15–25 % (je nach Art) Staubzucker zugesetzt werden.

Nugatmassen
Aus geschälten, gerösteten Haselnüssen oder süßen Mandeln und Zucker hergestellt. Das Verhältnis von Zucker zu Nüssen oder Mandeln 1:1. Ein Zusatz von Kakaobutter, Kakaomasse ist erlaubt.

Orangeat
wird aus Schalen der Orangen und Pomeranzen hergestellt. Die Behandlung der Schalen ist die gleiche wie bei Belegfrüchten.

Pektin
Pflanzlicher Gelierstoff (Äpfel, Johannisbeeren, Zuckerrüben u. a.). In Verbindung mit Zucker und Fruchtsäure tritt die Geleebildung ein.

Raffinaden
sind Zuckersorten höchster Reinheit und Qualität; verschiedene Kristallgrößen sowie Puderzucker.

Rahm
Bezeichnung für ungeschlagene Sahne.

Rosenwasser
ist ein Nebenerzeugnis, das bei der Rosenölgewinnung durch Wasserdampfdestillation anfällt.

Rosinen
sind getrocknete Weinbeeren, groß, dunkelbraun mit weißen Kernen und einem Zuckergehalt von etwa 60–65 %.

Rum
wird aus Zuckerrohr (Saft, Melasse) durch Vergärung und anschließende Destillation hergestellt.

Saccharose
chemische Bezeichnung für Rüben- und Rohrzucker.

Sojaspezialmehl
wird aus der Sojabohne hergestellt und mikrofein gemahlen. Geringe Beigaben zu Pralinenmassen verzögern das Verseifen und die Fettreifbildung. 5 % vom Nugat- oder Sahnegewicht bei Trüffelmassen.

Sultaninen
sind getrocknete Weinbeeren einer weißen Traubenart.

Talkum
ist gemahlener Speckstein. Farbe fast weiß, es fühlt sich fettig an und ist geruchlos. In der Konditorei wird Talkum teils zum Modellieren und beim Ausgießen des Likörs in Puder verwendet.

Trüffelmasse
auch als Canache bezeichnet, ist eine Pralinenmasse aus einem Gewichtsteil Rahm und zwei Gewichtsteilen Kuvertüre sowie aromatischen Beigaben.

Überzugsmasse, weiß
besteht aus Milchpulver, Zucker, Kakaobutter und findet auch bei der Pralinenherstellung Verwendung.

Vanille
ist die nicht völlig ausgereifte Frucht einer rankenden Orchidee, die an Bäumen oder Spalieren gezogen wird. Schwarzbraune Kapselfrucht, durch Fermentation aufbereitet und getrocknet.

Walnüsse
Der Walnußkern ist der Samen der Steinfrucht des Walnußbaumes. Er enthält etwa 55–58 % Fett, 15 % Eiweiß und Kohlehydrate und muß kühl und trocken gelagert werden.

Zimt
Von der Borke befreite Rinde verschiedener Zimtstraucharten. Beste Qualität Ceylon-Zimt.

Zitronat
auch Sukkade genannt, ist die grüne, ovale Frucht des Zedratbaumes. Die Früchte werden halbiert, zuerst in Salzwasser geweicht, anschließend in Süßwasser gewässert und mit Zuckerlösungen zunehmender Konzentration wie Dickzuckerfrüchte behandelt.

Register

Canache
Ananascanache, 106
Ananastrüffel, 152
Aprikosengelee-
  Canache, 104
Aprikottrüffel, 204
Armagnac-
  Buttercanache, 238
Canachemarzipan, 66
Canache-
  Weichkrokant, 62
Dessertpralinen, 44
Himbeercanache, 134
Kirschcanache, 110
Kirschtrüffel, 54
Krokantcanache, 90
Mokka, 46
Mokka, hell, 132
Mokkacanache, 154
Mokkakirsch, 220
Nußcanache, 120
Orangetrüffel, 200
Rosenmarzipan-
  Canache, 208
Rumcanache, 78, 158
Trüffelkrokant, 194
Vanillecanache, 98
Weinbrandcanache, 56

Weincanache, 124
Williamscanache, 68
Zitrone-Vanille, 198

Fondant
Kandierter Fondant, 50
Mokkafondant, 82

Früchte und Kerne
Ananasecken, 190
Datteln, gefüllte, 184
Erdbeergelee, 162
Feigen, 186
Früchtebissen, 182
Gefüllte Datteln, 184
Gefüllte Kirschen, 146
Grellierte Nüsse, 156
Honigmandeln, 158,
Ingwerecken, 178
Kirsch, 46
Kirschen, gefüllte, 146
Milchmandelsplitter, 74
Mokkakirsch, 174
Nüsse, grellierte, 156
Orangeatstäbchen, 178
Pistazienaprikose, 196
Rohkostpralinen, 180

Rum-Sultana, 228
Rumsultaninen, 182
Schoggimandeln, 176
Vanille-Erdbeer, 214
Walnuß-Karamel, 202

Krem
Arrak-Mandel, 70
Curaçaokrem, 138
Himbeerkrem, 96
Honigkrem, 84
Karamel-Rum, 166
Kirsch-Erdbeer, 236
Kirschkrem, 88, 138, 210
Mandelrahm, 146
Maraschinokrem, 94
Mokkabohnen, 218
Mokka-Kirsch, 192
Mokka-Vanillekrem, 102
Nuß-Honigkrem, 116
Nußkrem, 94, 136
Vanille-Rahm, 58

Krokant
Aprikotkrokant, 164
Blätterkrokant, 142
Dessertpralinen, 44

Früchtekrokant, 140
Kirschkrokant, 144
Krokantnugat, 128
Mokka-Kirsch, 240
Prinzeß, 60
Prinzeß-Orange, 60
Weichkrokant, 112

Likör und Weinbrand
Aprikot, 134
Aprikotlikör, 72
Chartreuse, 100
Cointreaulikör, 170
Cointreau Spezial, 76
Curaçao, 98
Eierlikörbohnen, 218
Grand Marnier, 130, 208
Grand-Marnier-
  Trüffel, 68
Kirschlikör, 76, 118
Maraschinolikör, 126
Maraschinovanille, 240
Mokkalikör, 72
Noisette Chartreuse, 234
Weinbrandbohnen, 212
Weinbrandbohnen
  mit Kruste, 144

Weinbrandkirschen
  mit Stiel, 168

Marzipan

Cointreaumarzipan, 62
Früchtemarzipan, 84
Früchtemarzipan-
  Krokant, 172
Honigmarzipan, 224
Ingwermarzipan, 126
Karamelierter
  Marzipan, 48
Kirsch, 46
Kirschmarzipan, 150
Mandelmarzipan, 80
Mandel-Nußnugat, 206

Marzipan-
  Rahmnugat, 110, 120
Marzipan
  und Himbeer, 154
Mokka, 46
Mokka-Kirsch, 174
Nuß-Marzipan-
  Karamel, 118
Orangeatmarzipan, 174
Orange-Butter-
  marzipan, 232
Pistazienmarzipan, 114
Rum-Marzipan-
  nugat, 92, 150
Walnußmarzipan, 164
Zitronenmarzipan, 58

Nugat

Butternugat, 90
Cointreaunugat, 122
Florentiner Nugat, 216
Haselnußnugat, 222
Honig-
  Krokantnugat, 114
Kirsch-
  Mandelnugat, 230
Kirschnugat, 148
Krokantnugat, 64, 86,
  170, 224
Mandelnugat, 80, 106
Mandelnugat-
  krokant, 160

Mandel-Nußnugat, 206
Marzipan-
  Rahmnugat, 120
Mirabellnugat, 240
Mokka-
  Mandelnugat, 226
Noisette, 132
Nugat Montelimar, 188
Nugattrüffel, 54
Pistaziennugat, 222
Rummarzipan-
  Nugat, 92, 150
Rum-Nuß, 102
Schichtnugat, 64
Walnußnugat, 108
Williamsnugat, 52